SUMÁRIO

ALEXANDRE EMERSON M DE ARAÚJO

SUA ESCOLA EM 1º LUGAR NO ENEM

FERRAMENTAS DE EMPODERAMENTO PARA ESCOLAS DE ALTA PERFORMANCE

AGRADECIMENTOS

A jornada na educação é uma das áreas mais nobres que um profissional pode ter desejado se dedicar em sua vida, já que deixar um legado nessa área é escrever pensando num futuro. Nesse, não posso deixar de citar as pessoas que estão ao meu lado e que são fonte de inspiração e amor: minha esposa Claudia e minha filha Mariana; meu maior exemplo de educação, meus pais: Elba minha mãe, meu pai Edson (in memoriam); aos meus irmãos Elísia e Marcos, que também são exemplo da educação recebida em nosso berço; ao meu padrinho Edenilton, meus sobrinhos Marcelo, Fábio, Matheus, Gabriel, Ana Beatriz, Luiz Henrique e Maria Clara, ao grande amigo Alínio Araújo (in memoriam) e a todos os meus alunos e ex-alunos que, de uma forma ou de outra, me motivam a enveredar no caminho da educação, buscando sempre o conhecimento para dar meu melhor e dando o meu melhor receberei sempre o melhor de todos eles.

Agradeço também ao Professor Ademar, em ter aceitado epigrafar essa obra, ao professor Aurélio na grandiosa ajuda na correção, os mantenedores das escolas que trabalhei, e aos atuais e todos que, de maneira direta ou indireta, contribuíram com essa obra.

Prefácio

Em 2018, o Exame Nacional do Ensino Médio chega ao seu 20º ano de vida. Sua primeira edição em 1998 contou com a participação de pouco mais que 157 mil participantes e tinha como objetivo avaliar o desenvolvimento do estudante ao fim da escolaridade básica. Em 2005, o Governo Federal resolveu colocar o ENEM como participação obrigatória para critério de seleção do Programa Universidade Para Todos (Prouni), que fornecia bolsas de estudo em universidades particulares a estudantes de baixa renda, e isso fez o exame alcançar mais de 5 milhões de inscritos. A partir de 2009, outra guinada, o ENEM mudou sua matriz de referência e passou a ser utilizado para ingresso no Ensino Superior, em universidades e institutos federais, seja complementando ou substituindo o vestibular.

Antes sem muita relevância, o ENEM virou para si os holofotes. Com isso, escolas, editoras, sistemas de ensino e plataformas de educação de todo o país iniciaram uma marcha rumo às melhores práticas sobre o ENEM, afinal aquele exame de final do ano para medir a aprendizagem dos alunos agora era quem iria pôr seus estudantes (e clientes) dentro das universidades públicas. Ter total domínio e consciência sobre o que ele representa significa estar à frente, tanto pedagógica quanto mercadologicamente.

Questão de sobrevivência é palavra de ordem diante de um cenário social no qual as aprovações em vestibulares são, muitas vezes, o principal motor de uma escola. Obviamente que nem todas as escolas brasileiras pensam dessa forma, mas muitas seguem essa lógica e buscam resultados cada vez mais satisfatórios para atrair novos alunos e tornar-se referência em educação em suas cidades.

Nesta obra, o professor Alexandre Emerson se debruça profundamente sobre o Exame Nacional do Ensino Médio, trazendo, a princípio, informações pontuais, de maneira bem didática, embasado na história do exame e no que ele passou a representar. Temos em mão um verdadeiro manual sobre o ENEM, indicando os seus critérios de avaliação, a tão famosa e incompreendida Teoria de Resposta ao Item (TRI), o polêmico ranking de escolas no ENEM – que também não é de tão fácil compreensão por muita gente, afinal porque há tantas escolas em 1º lugar? –, entre outros aspectos.

Papel importante nesse processo são os educadores que fazem parte da escola, e isso envolve, principalmente, os professores e coordenadores pedagógicos. Estes devem promover uma reflexão sobre suas práticas pensando na melhor forma de atender às expectativas da escola e as dos alunos ao mesmo tempo que ambas se tornem capazes de obter resultados satisfatórios no exame. É um esforço diário, ininterrupto e em constante evolução.

Além desses personagens, outros pontos indissociáveis do ENEM são levantados nesta obra, como a Redação, os diversos métodos de acepção da prova e assimilação dos conteúdos (aulões, simulados, enxurrada de exercícios etc.) e a preparação psicológica para um exame longo, que, somando os dois dias, dura 10 horas. Uma verdadeira prova de fogo para qualquer estudante, esteja preparado ou não.

Este livro proporciona um passeio instigante sobre o principal motor da educação brasileira. Embora controverso, rodeados de (boas) vontades de governantes de mudá-lo, reestruturá-lo, fazer com que tenha mais sentido, o ENEM continua sendo o principal farol tanto para o estudo do aluno quanto para o ensino do professor. É ele quem define, pelo menos no senso comum, as melhores escolas e os melhores alunos. Mas, estamos sempre em mudança. Em breve, a Base Nacional Comum Curricular para o Ensino Médio será aprovada e trará muitas transformações profundas para o segmento, consequentemente o ENEM acompanhará essa nova demanda. Sigamos atentos e não fiquemos para trás.

Ademar Celedônio

INTRODUÇÃO

Em tempos de ENEM, como a maior porta de entrada para universidade, devemos aceitar a máxima e trabalhar firme nesse propósito? ou continuar marcando passo no mercado competitivo em que vivemos? Esse questionamento foi levantado por muitas escolas, principalmente no que diz respeito a grandiosa mudança pela qual deveriam passar, uma vez que era disruptivo o momento: a quebra de paradigmas, o tradicional sairia de foco, uma escola de alta performance precisaria ser criada.

Então, minha escola se preocupa apenas em fornecer conhecimento básico, para que meu aluno avance nas séries formando-o para a vida, fracassarei? Que rumo tomar caso eu tenha pensando na colocação da minha escola na lista do INEP? Que caminho devo tomar se minha escola pretende ser competitiva e formar alunos para enfrentar grandes provas padronizadas?

Calma! Já viu que temos um longo caminho a percorrer. Desta forma, responderei essas e outras perguntas sob um prisma empírico, advindo das minhas experiências como professor e gestor pedagógico, tendo como base conversas, relatos e estudos de mercado. O propósito principal desse livro é o de compartilhar com você, leitor, várias práticas em educação, que quando realizadas com o devido esmero, ajudam na organização, otimização e alcance de seus propósitos, sejam eles ENEM, ITA, ESCOLAS MILITARES ou apenas melhoras significativas nos processos pedagógicos da sua escola.

Enquanto escrevia essa obra, mudanças no exame estavam sendo discutidas e implementadas. Assim, uma nova inquisição foi formada, mudanças foram anunciadas e novos direcionamentos adotados, era algo novo (?), pois em 2017 recebemos um "NOVO ENEM". Dessa forma, como um guiamento, pretendo ajudá-lo a atingir alta performance dentro da sua proposta pedagógica, e de estar um passo à frente dos seus concorrentes, compartilharei algumas das minhas experiências de maior sucesso enquanto professor - adianto, não podemos chamar de tarefa fácil - mas se as tornei fáceis para mim, serão fáceis também para vocês.

Aproveitando esse ar de mudança, o site da FOLHA publicou, em 29/06/2018, uma matéria chamada "1 a cada 3 escolas de ricos tem nota no Enem abaixado do esperado". Essa chamou atenção pelo texto: "das 1.163 escolas privadas com alunos de nível socioeconômico "muito alto", "alto" e "médio alto", 418 (36%) não alcançaram patamares que esses grupos precisariam atingir, conforme estimativas estatísticas calculadas pela reportagem.

Na prática, elas teriam condições de obter melhores resultados devido ao perfil de seus estudantes, a matéria claramente mostra que poder econômico, e por isso mais acesso a ferramentas de empoderamento, não garante o melhor lugar ao sol, mas apenas uma pequena parcela daquelas escolas que se dedicam a gestão de alta performance alcança os resultados esperados.

Para sua ascensão nessa leitura de alta performance, você deve, a partir de agora, imaginar um conjunto de ferramentas, que vou nomeá-las de PME - Pessoas, Metodologias e ESTRATÉGIAS! Essas, estão tão presentes nas escolas nos dias atuais que a pedagogia tradicional não se preocupou em adotar processos de gestão para esse modelo.

Isto posto, o tradicional da escola do século XIX, giz e quadro negro, precisa dar lugar a uma escola conectada, moderna e que encontre espaços para acolher crianças do século XXI, denominadas *cloud connected,* que merecem processos de sintonia fina, diversificados, aulas disruptivas. Essa é nossa realidade, essa ideia de ensino tradicional, ou escola com quadro de giz foi sepultada, assim como as metodologias e processos da época. Portanto, as escolas agora são empresas prestadoras de serviços educacionais, nas quais o melhor serviço, os melhores números captam mais matrículas, tem o melhor público. Essa é a máxima e a sua escola será a melhor! Não tenho dúvidas!

Pereira (2010) destaca que esse planejamento estratégico, essa PME, é a ferramenta que melhor responde às exigências das organizações. Nesta obra, levaremos em consideração um planejamento estratégico com vistas ao resultado, sendo esse tema amplamente discutido e sentido nas próximas páginas, com exemplos baseados em vivências de mercado e estudo de casos de sucesso.

Em vista disso, as estratégias consistem em modelos pedagógicos tradicionais, reinventados, novos e conectados com práticas de gestão inovadora, aliados a rompimentos de fraquezas, com criação de instrumentos alternativos de empoderamento para suas áreas mais fracas. Por isso, chegou a hora de tirar a poeira debaixo do seu tapete! Há solução para isso, esses modelos têm foco variado e estruturas flexíveis, precisamos reaprender, aplicar e adaptar!

As grandes instituições de ensino, que preparam para os grandes testes padronizados, possuem didática diferenciada, perfil competitivo de alunos, professores engajados e processos específicos para alta performance nos resultados. Sendo assim, cabe aqui uma reflexão sobre essa tétrade, para pensarmos de que maneira podemos adotar ou criar uma releitura para a minha escola desses, antes enfraquecidos, ou tradicionais, esquecidos ou nunca acessados, para torná-los de alta performance.

Agora, você poderia estar se perguntando que prática é essa? Convido-o a folear as próximas páginas e descobrir por si só...

Prof. Alexandre Emerson M. de Araújo

1. O ENEM - Exame Nacional do Ensino Médio

O ENEM, sigla para Exame Nacional Do Ensino Médio, foi criado em 1998 e, segundo o próprio INEP, tem o objetivo de "avaliar o desempenho do aluno ao término da escolaridade básica, para aferir o desenvolvimento de competências fundamentais ao exercício pleno da cidadania". (NA: no fechamento dessa obra, a BNCC do ensino médio não havia sido fechada, e mudanças significativas para a prova não foram anunciadas)

Alguns chamam o Exame desta natureza como "teste padronizado", passíveis de crítica por uma maioria de pessoas, expondo, principalmente o viés de correção. Vejamos, então, o que disse o especialista Flávio Comim, ao site da revista Nova Escola, acessado em 10/07/2018 sob o título de: "o que é um professor de qualidade": "nota-se que, usualmente, esses testes padronizados avaliam apenas uma pequena parte das habilidades cognitivas trabalhadas pelos professores, estando sujeitos a práticas do tipo 'ensinando para o teste' e outros vieses."

Com isso, testes como PISA e PROVA BRASIL transformaram-se em padrão de resultado e análise e, se gera resultado, gera espelho de retomadas e novos direcionamentos. Desta maneira, a vontade de mudar e atender novas perspectivas convence mais do que uma preocupação em avaliar todas as competências e habilidades de uma vivência escolar. Por isso, os exames servem de tomada de parâmetros, e de que existe um elo no final da corrente que precisa ou não ser reavaliado.

Alguns afirmam que o nosso Exame nasceu derivado de grandes outros aplicados em nível mundial, como o SAT (enem americano), nos Estados Unidos, e o GAOKAO, na China. Assim, recentemente o professor Ademar Celedônio, diretor de ensino da plataforma SAS, publicou em sua conta do *LinKedin* sua percepção do exame chinês: "*Gaokao* é a maior prova de acesso ao Ensino superior do mundo, em número de participantes. O segundo maior é o brasileiro ENEM. Segundo especialistas chineses, depois de sua restauração em 1977, o *Gaokao* já selecionou grandes talentos no país, promovendo o desenvolvimento da China".

Assim sendo, já pararam para pensar no tamanho da nossa responsabilidade enquanto gestores? Sermos, em uma perspectiva global, a segunda maior prova de acesso a universidades do mundo, precisamos nos preparar ou não? Essa prova teve seu início bem modesto, pouca adesão, recriado, reformulado, chamado de NOVO ENEM, permanecendo com essa nomenclatura por um tempo, até voltar a ser chamado popularmente de ENEM.

A premissa da prova é a de democratizar o acesso à universidade, com medidas exclusivas para esse fim, como por exemplo a isenção da taxa do exame para classes sociais desfavorecidas. Assim sendo, como não há perspectiva de reprovação, a sua pontuação lhe dará direito a entrar na universidade nos cursos que possuam aquela pontuação como limite de entrada, tanto o aluno que está fora da escola, como o que está se preparando na 3ª série do ensino médio, tem sua chance. Claro que para os cursos mais concorridos, o nível de estudos tem que ser maior.

O ENEM já alcançou a marca histórica de 3 milhões de inscritos e 2,2 milhões de participantes. Em 2006, estabeleceu novo recorde: com 3,7 milhões de inscritos e 2,8 milhões de participantes e, em sua última edição, 6,7 milhões de inscritos se submeteram ao Exame, um grande marco na educação brasileira.

Mesmo diante desse crescimento, houve descrédito de algumas universidades, já que começaram a aderir por etapas a prova como chave de acesso aos cursos de nível superior. O discurso, naquele tempo, era o da desconfiança na qualidade da prova, incertezas se iria ou não alavancar, e a própria adesão dos participantes, já que sepultariam o vestibular tradicional. Dessa maneira, o novo dava medo!

De um Exame simples, realizado em apenas um dia, de poucas questões e com pouca importância, o ENEM transformou-se em uma prova mais longa, corrigida pela TRI: questões contextualizadas e uma redação eliminatória davam o tom do exame. Em alguns estados, nos quais as universidades demoraram à adesão, total ou parcial, as escolas ficaram com suas aulas e metodologias em formato ainda tradicional, passivas e sem preocupação na modelagem do novo processo. Houveram discussões por parte de bases e conselhos escolares sobre essa adesão, o governo fez pressão por todos os lados e, ao final, as universidades cederam ao exame, deixando as escolas sem tempo para se adequar, fator que, no final das contas, fez diferença no *rush* da preparação.

Quando houve a adesão pelas universidades federais ou estaduais, as escolas precisaram de bastante tempo para se adequar, assim como as práticas em educação levam tempo para dar resultados, com o ENEM não foi diferente, precisávamos replanejar nossos currículos, ampliar novas dimensões de ensino e avaliar os resultados pouco a pouco, tempo era o que não tínhamos, já que, para os pais o resultado precisava vir rápido!

Consequentemente, várias escolas saíram a frente, criaram novas estratégias, desenvolveram material didático, montaram estratégias num piscar de olhos, prepararam seus professores, famílias e alunos em tempo hábil, ou recorde, para começar a passear pela lista de colocação do INEP, gerar marketing com os números e comemorar resultados.

Com o passar dos tempos, essa importância ganhou corpo e um exame que se mostrou engolidor do vestibular tradicional, deixou de ser tendência e tornou-se realidade. Sendo assim, tornou-se o maior balizador de acesso para as universidades em todo o Brasil, pois, mesmo existindo algumas universidades que não adotem a prova com totalidade, os 6,7 milhões de participantes na última edição já nos dão uma boa resposta.

1.1 O que o ENEM avalia?

O Exame Nacional Do Ensino Médio avalia a capacidade do participante de resolver uma situação problema, situada em diversos contextos, requerendo uma habilidade retirada das matrizes das 4 áreas do conhecimento propostas, dividindo-se para isso em áreas de conhecimento:

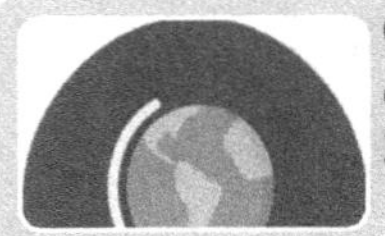

Junto a essa divisão por área, e com a finalidade de direcionar as questões da prova, testando a capacidade do candidato de mostrar suas habilidades cognitivas (pensar, raciocinar, perceber, tirar informações implícitas do que lhe é dado) foram apontados 5 eixos cognitivos, também chamados de competências. Deste modo, toda esta teia de camadas de conhecimento é encarregada de testar a capacidade do aluno de colocar o conhecimento que foi adquirido até ali em prática.

Esses "Eixos Cognitivos" ainda se desenvolvem quando chegamos na Redação, que é eliminatória e sua correção vai até 1000 (mil pontos), sendo essa o santo Graal de todos os professores de tal disciplina, pois parte da prova tem uma análise diferenciada por uma banca de corretores. São eles:

I. Dominar linguagens (DL): dominar a norma culta da Língua Portuguesa e fazer uso das linguagens matemática, artística e científica e das línguas espanhola e inglesa.

II. Compreender fenômenos (CF): construir e aplicar conceitos das várias áreas do conhecimento para a compreensão de fenômenos naturais, de processos histórico-geográficos, da produção tecnológica e das manifestações artísticas.

III. Enfrentar situações-problema (SP): selecionar, organizar, relacionar, interpretar dados e informações representados de diferentes formas, para tomar decisões e enfrentar situações-problema.

IV. Construir argumentação (CA): relacionar informações, representadas em diferentes formas, e conhecimentos disponíveis em situações concretas, para construir argumentação consistente.

V. Elaborar propostas (EP): recorrer aos conhecimentos desenvolvidos na escola para elaboração de propostas de intervenção solidária na realidade, respeitando os valores humanos e considerando a diversidade sociocultural.

Além desses eixos cognitivos a redação desenvolve suas próprias competências, necessitando de uma preparação extra.

1.2 As mudanças em 2017

A prova mudou em 2017 para atender sua dinâmica de aplicação: o país sendo vasto, e com uma ampla diversidade cultural e religiosa (os sabatistas que tinham problemas com a aplicação), entre outros, o MEC anunciou mudanças. Ao meu ver, a maior mudança foram os dois domingos espaçados, formatados após consulta pública, que, além de outras proposições, levantou o melhor dia de aplicação, tendo sido citado até mesmo uma versão online, não aceita pelos participantes da pesquisa.

O meio midiático afirmou, através de entrevistas e posicionamentos em redes sociais, que essa dinâmica em dois domingos seria ótima para o aluno dar uma "desligada no cérebro" e se preparar para a segunda etapa (segundo domingo) com a "cuca fresca". A verdade, em época de autoajuda, redes sociais, imediatismos e principalmente ausência das famílias, é que os jovens se sentiram ansiosos com essa espera, causando instabilidade emocional, euforia, entre outras fragilidades.

Diante desse cenário, a pergunta que mais recebemos de pais foi: "como segurar as emoções nesse intervalo?" A escola, além de trabalhar o cognitivo, precisa trabalhar também o fator socioemocional dos alunos, com jogos, debates, momentos alternativos, relaxamento e outras atividades sem caráter de pressão. Ou seja, fatores externos ao Exame que não são base desse livro, é claro, mas que envolvem a família e o bem-estar emocional do participante.

Ao passar a aplicação para dois domingos, modificaram o casamento das áreas. Isto posto, no primeiro temos Linguagem (português, língua estrangeira moderna, artes e educação física), Redação e Humanas (história, geografia, sociologia, filosofia).

Nesse dia a leitura é muito mais densa, focada, são muitos os detalhes e percepções, idas e vindas lineares em meio a tantos textos. Como se não bastasse, a redação vem no combo, precisando de um olhar diferenciado nesse dia com relação ao tempo, afinal de contas o aluno precisará administrar a máxima tempo *vs* redação *vs* questões objetivas.

Todavia, os professores de redação dão sempre um *input* de preparação nesse dia, com orientações para: ler os textos motivadores, argumentar, criar sua proposta de intervenção e passar a limpo na folha definitiva em 60 minutos. Nesse viés, se pensarmos que em uma sala com 45 alunos, cerca de 10% consegue esse tempo, o que é um gargalo preocupante para a equipe e precisa de atenção.

Em meio a essa situação, costumo brincar em sala de aula perguntando: "quem aqui tem superpoderes? ..isso...super poderes!" A turma fica quieta. Então, eu jogo: "quer ter superpoderes? Treine para fazer sua redação em 60 minutos já na folha definitiva", "isso é um superpoder, diferencial! Vai chocar seus concorrentes galerinha...". Sem embargo, pergunte em uma sala de aula quem consegue: dois ou três levantarão o braço. Portanto, se foi possível para eles, porquê não para os outros?

A prova está formatada para cinco horas e meia de duração nesse dia, então, se pensarmos nesse fator para uma preparação em camadas, teremos:

A) o participante precisa de trinta minutos para o rascunho

B) o participante em 60 minutos passará a limpo já na folha definitiva,

C) o participante vai ter quatro horas para resolver o que sobrou "90 questões"

D) o participante vai ter 2min03s para resolver cada questão

Seu aluno está preparado para atender os pré-requisitos de leitura e intervenção, produzir uma redação nota 1000 sem chutar as objetivas nesse tempo? Sua escola já tem mais um fator para trabalhar estratégias de ensino nesse dia. Ajudá-lo a administrar o tempo de resposta/resolução é a lei, cada escola vai desenvolver, criar ou recombinar ferramentas próprias para trabalhar o fluxo da escrita e interpretação dos itens, ou seja, a palavra treino é a máxima!

Treinar a imersão da maneira que melhor lhe convier é algo que uso bastante com meus alunos na terceira série. Dessa maneira, a ferramenta é o cronômetro do celular, que uso em dias específicos para resolver grupos de questões com tempo, o processo é simples:

1. coloco o cronômetro para iniciar e vou analisando as questões - unilateralmente.
2. dou pausa ao final da resolução
3. caso resolva em menos tempo, coloco no canto do quadro o tempo de crédito para a próxima questão.
4. caso resolva em mais tempo, coloco o tempo deficitário e a força que tem que ser dispensada na próxima questão. (NA: não oriente o aluno a chutar, a TRI te pega!)
5. ao final, marco 2min para eles fazerem um outro grupo de itens e depois dou pausa, mostrando os detalhes para a resolução rápida.

Uso essa dinâmica em vários contextos. É muito interessante sentir o quanto ficam dispersos em relação ao *inner-time* de cada um. Ainda nessa aula, é comum a ficha cair de como estão distantes ou próximos dos seus objetivos.

Lembro que, a gestão do tempo em relação as avaliações da sua escola, não deve ser empoderada para acontecer apenas na terceira série. Assim, trabalhar com a gestão do tempo é algo que precisa de muito treino, pois tudo se conecta ao nosso relógio biológico, alguns com *mindset* rápido, outros lentos. Ou seja, seu aluno precisa ganhar agilidade e pensamento rápido na resolução das problematizações do exame: memorizar, lembrar, ativar e usar, essa é a alavanca para o sucesso do pensamento.

Passada uma semana desse primeiro momento da nova prova formatada, chega o segundo domingo de provas. Nesse, vem embutido o problema de muitas escolas, não só do contexto escolar, mas do Brasil inteiro: a "danada" da Matemática. Como se não bastasse, traz uma amiga no dia: Ciências da Natureza (física, química e biologia) com duração de cinco horas (nas edições anteriores eram 4h30m).

Diante dessa situação, se continuarmos seguindo aquela divisão do tempo, agora a pegada é diferente: o participante só terá 03min03s para cada item. Simples, não? Nem sempre, principalmente quando estamos com foco na matemática e disciplinas que se interdependem dela para resolução. Por isso, um conhecimento conectado com leituras e interpretações farão o aluno refletir e reler os enunciados mais de uma vez, as problematizações são fortes e a dica de empoderamento é muito treino, treino em múltiplos contextos de dificuldades, que falarei mais à frente nos próximos capítulos.

A Matemática veio junto com Ciências da Natureza pela "afinidade" do pensar entre as duas áreas. Desse modo, junta-se à matemática disciplinas que dependem dela, seja na organização do *mindset* de resolução, na montagem dos itens ou da interdependência lógica nas respostas.

Uma preparação especial em matemática deve ser levada em consideração pela sua escola. Uma boa alternativa para isso é levantar índices com foco em resultados de desempenho, os quais devem ser reavaliados constantemente, para que fraquezas sejam repensadas a título de retomada. Portanto, "tirar a poeira de debaixo do tapete" é a lei. Para isso, exponha com a ajuda dos professores seus números e, juntos, criem alternativas de aplicação paralelas ou não à sala de aula, como: maior distribuição da carga horária, ênfase na matemática do fundamental II, projetos no contra turno, ampliar e amplificar a participação dos alunos em olimpíadas de matemática, usar gameficação, softwares, grupo de estudos, promover jogos ou interações entre a lógica e matemática usando as áreas do conhecimento como norte, aulões multidisciplinares, etc

São muitas as padronizações para alavancar a qualidade da inteligência matemática da sua escola. Em primeiro lugar: conhecer bem suas turmas, seus rendimentos e seus alunos é um bom ponto de partida.

Retomando a reflexão que compete a banca de elaboração do Exame, em 2017 volta ao cargo a professora Maria Inês, eleita novamente presidente do INEP (Instituto Nacional de Estudos e Pesquisas Educacionais Anísio Teixeira). Segundo ela, o ENEM tinha ainda a "cara" de vestibular tradicional. Ao contrário do que se idealizava como medidor da qualidade do ensino médio, o exame havia sido redirecionado e precisava de uma reestruturação

Em coletiva de imprensa, o então ministro da Educação, Mendonça Filho, e a presidente do INEP, anunciaram não só as mudanças citadas anteriormente dos dois domingos, mas também uma série de outras novidades, entre elas algumas que são oriundas da consulta pública sobre o exame, tornando-as oficiais, que serão elencadas a seguir.

1.2.1 Exame em dois domingos

O exame passou a ser aplicado em dois domingos seguidos. Além disso, a ordem das provas foi alterada: no primeiro domingo, serão aplicadas as provas de Linguagens, Ciências Humanas e Redação, com 5h30 de duração; no segundo, aplicarão as provas de Matemática e Ciências da Natureza, com 5h de duração.

Segundo a presidente do Instituto de Estudos e Pesquisas Educacionais (INEP), a "esmagadora maioria" dos participantes preferiram manter o exame presencial, em papel, ao invés da opção de alterá-lo para ser feito em computador. A mudança do exame para domingo normaliza a prova para os sabatistas, que tradicionalmente tinham de esperar até as 19h do sábado para iniciar a prova.

Ainda segundo o MEC, os 76 mil candidatos sabatistas que fizeram a prova geraram um gasto de cerca de R$ 646 mil aos cofres públicos, e com esse formato seria uma maneira de diminuir o constrangimento dos participantes e desonerar o governo.

1.2.2 Certificação

O exame não servirá mais para certificar o ensino médio, função que voltará a ser do Exame Nacional para Certificação de Competências de Jovens e Adultos (ENCCEJA).

1.2.3 Provas

Por segurança, os cadernos de prova passarão a ser personalizados, com nome e número de inscrição escritos na capa, juntamente com os cartões de resposta encartados na prova. Entretanto, manterão o formato em quatro cadernos de cores diferentes.

1.2.4 Isenção do pagamento

O benefício da isenção de taxa será concedido também aos cadastrados no CadÚnico, o Cadastro Único para Programas Sociais do Governo Federal. Caso um estudante isento da taxa não compareça ao exame, só poderá utilizar o benefício no ano seguinte desde que comprove a ausência por meio de documento oficial ou atestado médico.

Em 2016 foram 2 milhões de candidatos pagantes, 23% do total de inscritos, e 77% não pagantes. Desses, 59% tiveram a carência deferida por comprovarem baixa renda e 18% por estudarem em escola pública. Mas 1,1 milhão do total de inscritos não acessou o cartão de confirmação e 2,5 milhões (30%) não compareceram à prova.

1.2.5 ENEM por escola

O resultado do Enem por escola (Microdados), que divulgava as médias das notas dos estudantes usando diversas variáveis, não será mais divulgado. Segundo Maria Inês Fini, o Enem não foi concebido para avaliar escolas, mas sim os estudantes do ensino médio. Até o ano passado, os resultados serviam de base para a elaboração de rankings de qualidade de escolas.

Em um bom discurso samaritano e sedutor, esses resultados auxiliam estudantes, pais, professores, diretores das escolas e gestores educacionais nas reflexões sobre o aprendizado dos estudantes no ensino médio, podendo servir como subsídio para o estabelecimento de estratégias em favor da melhoria da qualidade da educação.

Quando disponibilizados por escola, os resultados agregados das proficiências médias possibilitam a análise pela comunidade escolar e pelas famílias, para que se percebam os avanços e desafios a serem enfrentados. (NA: essa prerrogativa não foi cumprida e em 2017 tivemos a divulgação da lista normalmente)

2. TRI – Teoria de Resposta ao Item

Esses itens são corrigidos, por meio da Teoria de Resposta ao Item (TRI). Dessa maneira, mais que estimar as dificuldades dos itens e as proficiências dos participantes, essa metodologia permite que os itens de diferentes edições do exame sejam posicionados em uma mesma escala, como se fosse uma métrica ou uma régua, didaticamente falando.

Uma vez realizado esse posicionamento na régua, a interpretação das características pedagógicas do item, pode contribuir para uma análise qualitativa das habilidades que os participantes já dominam, e daquelas cujas domínio ainda estão construindo.

Dito isso, cada uma das quatro áreas do conhecimento avaliadas possui uma escala própria, uma vez que avalia construtos distintos, quais sejam a proficiência em: Linguagens, Códigos e suas Tecnologias; Matemática e suas Tecnologias; Ciências da Natureza e suas Tecnologias; e Ciências Humanas e suas Tecnologias.

Vale salientar que a interpretação pedagógica dessas escalas é importante para ampliar a compreensão do significado das proficiências e dos parâmetros de dificuldade dos itens, na medida em que busca oferecer um sentido qualitativo e pedagógico às estimativas quantitativas. Nesse sentido, a

Diretoria de Avaliação da Educação Básica (Daeb/Inep) realizou, a partir de 2010, seis oficinas que contaram com a participação de mais de 70 colaboradores externos, além dos servidores do INEP, nas quais as metodologias empregadas na interpretação de escalas de proficiência foram estudadas, debatidas e testadas. Com base nessas inúmeras discussões técnicas, o INEP definiu a utilização do modelo denominado "Mapa de Itens" para consolidar a interpretação pedagógica das escalas de proficiência do Enem.

2.1 O Mapa de itens

O modelo de mapa de itens consiste em associar cada um desses a um ponto da escala utilizada para medir as proficiências dos alunos (SOARES, 2009). O mapa de itens é, assim, um instrumento que permite posicionar os componentes e suas descrições em uma escala de proficiência, permitindo visualizar o gradiente de complexidade apresentado pelos diferentes itens ao longo da escala.

Assim, são descritos itens em diferentes pontos da escala, de modo a permitir a visualização das habilidades que os participantes do teste provavelmente já desenvolveram, como também daquelas que eles ainda não, no qual observa-se o ponto na escala em que se localiza sua proficiência.

Dessa forma, o ponto no qual o item se posiciona na escala indica uma possível linha divisória: os participantes com proficiência acima dessa posição possuem maior probabilidade de respondê-lo corretamente; e aqueles com proficiência abaixo dessa posição, têm menor probabilidade de respondê-lo corretamente. Em outras palavras: abaixo do ponto em que se localiza a proficiência do participante situam-se os itens com maior probabilidade de acerto e, acima desse ponto, os itens com menor probabilidade de acerto.

2.2 A inclusão de itens no mapa

A descrição dos itens foi obtida nos diversos eventos realizados contando com a colaboração dos especialistas convidados. Na última oficina de interpretação pedagógica das escalas do Enem, os conhecedores se organizaram por área de conhecimento para descrever conjuntos de itens, validar descrições anteriores e emitir um julgamento pedagógico sobre esses, indicando aqueles prioritários para apresentação no mapa. Cada item foi analisado por dois grupos menores, que consideraram também as descrições de oficinas anteriores e, ao final dessa etapa, uma sessão de debate aberto dentro de cada área definiu um consenso sobre a redação final das descrições dos itens para a interpretação.

Posteriormente, os pesquisadores do INEP selecionaram os itens para exibição no mapa, com o objetivo de contemplar o espectro avaliado pelo ENEM, baseados na indicação do seu grau de prioridade de inclusão, segundo critérios pedagógicos acordados entre os especialistas.

O resultado do evento foi consolidado pela equipe da Coordenação Geral de Exames para Certificação da Daeb e traduz-se nos mapas de itens apresentados. As habilidades das matrizes de referência das diferentes áreas são materializadas nos itens que compõem os instrumentos de avaliação. Esses foram descritos de forma a apresentar características pedagógicas com uma redação que indicasse três elementos ou componentes do item: operação cognitiva, objeto do conhecimento e contexto. Dessa maneira, cabe dizer que cada item avalia determinada habilidade expressa na descrição construída para ele.

De outra forma, significa dizer que as habilidades da matriz de referência não se encerram em si, havendo uma série de possibilidades de desdobramento em diferentes itens para uma dada habilidade da matriz.

Segundo a Fundamentação Teórico-Metodológica do Enem (BRASIL, 2005), a diferença entre competência e habilidade depende do recorte: "a competência é uma habilidade de ordem geral, enquanto a habilidade é uma competência de ordem particular, específica".

Nessa materialização das habilidades, o item se caracteriza, então, por requerer uma ação em um nível ainda mais particular do que prevê o texto da habilidade. Portanto, detalhamos a seguir as características de cada item:

1) A operação cognitiva deve traduzir as ações requeridas ao respondente para que ele resolva a situação-problema proposta pelo item. Ou seja, a operação cognitiva deve, então, explicitar o que foi realizado em termos cognitivos, da ordem do pensamento, considerando o uso do conhecimento "efetivado pelo participante, por meio da demonstração de sua autonomia de julgamento e de ação, de atitudes, valores e procedimentos diante de situações-problema que se aproximem, o máximo possível, das condições reais de convívio social e de trabalho individual e coletivo" (BRASIL, 2009);

2) O objeto do conhecimento, outro componente da descrição do item, refere-se aos conhecimentos escolares que estão sendo solicitados ou mobilizados no item para que o respondente execute a operação cognitiva visando a sua resolução. Pressupõe, ainda, a identificação e o domínio dos conteúdos das diversas áreas do conhecimento presentes nas propostas curriculares e busca se aproximar do que os educadores têm desenvolvido em sala de aula, nas escolas brasileiras;

3) Por sua vez, o contexto refere-se à situação para a qual o item transporta o respondente para que ele resolva o que está sendo proposto. Isto é, o contexto pode ser entendido como a situação criada ou forjada para estabelecer relações entre os conhecimentos tradicionalmente veiculados na escola e a vida dos estudantes (BRASIL, 2011), exigindo uma operação mental para sua solução.

Portanto, considera as situações envolvidas no problema construído pelo item, empregando elementos que emprestam sentido à situações-problemas mais amplos do que o conhecimento, e representa uma possibilidade de aplicação desse conhecimento ao solicitar uma operação mental. Na elaboração das descrições dos itens, foram considerados contextos relativos a cada uma das quatro áreas de conhecimento, entendendo que cada uma delas, na produção dos itens que compõem as provas do ENEM, estabelecem relações com conhecimentos e situações variadas.

Para confeccionar o mapa, utilizaram os itens aplicados nas edições do Enem a partir de 2009 que atenderam a determinados critérios psicométricos (parâmetros de discriminação e de chance de acerto ao acaso considerados satisfatórios). Feito isso, a posição que cada item ocupa no mapa representa a menor proficiência com a qual pelo menos 65% dos participantes o acertaram. Ou seja, trata-se de um ponto que indica a dificuldade empírica do item, obtida após sua aplicação.

Assim, podemos afirmar que esses participantes, com determinada proficiência, acertaram um item posicionado no mapa, no ponto de dificuldade equivalente a essa proficiência. Por conseguinte, a dificuldade empírica do item, que é a indicada no mapa, difere da dificuldade teórica, que é a calculada por meio da TRI e utilizada no cálculo da proficiência do participante do teste.

Por ser um modelo probabilístico, a proficiência estimada não determina que um participante do teste acertará ou errará um item. Por maior que seja a proficiência estimada, sempre haverá chance de o partícipe errar o item, por menor que seja sua dificuldade. E, ao contrário, por menor que seja a proficiência estimada, sempre haverá chance desse participador acertar o item, por maior que seja sua dificuldade. Com isso, é possível esse tenha acertado itens com a dificuldade maior que sua proficiência e errado itens com a dificuldade menor que sua proficiência.

Além disso, por conta da metodologia adotada, no Mapa de itens apresentado, a dificuldade de cada item é maior que sua dificuldade teórica, utilizada para o cálculo das proficiências dos participantes. Desse modo, é possível que nesse mapa o participante tenha acertado alguns itens com dificuldade maior do que a sua proficiência estimada. Por mais que pareça uma contradição, isso traz uma confiança maior, uma vez que cerca de dois terços dos participantes acertam os itens com dificuldade equivalente à sua proficiência.

Como vimos, para a composição dos mapas de itens, as sentenças descritoras envolveram três componentes: operação cognitiva, objeto do conhecimento e contexto. Dessa maneira, o ponto da escala em que cada item se encontra, ou seja, sua dificuldade, não é determinada por somente um dos componentes, mas considera a interação de todos eles.

De tal modo, é possível observar o mesmo objeto do conhecimento em pontos distintos da escala, bem como a mesma operação cognitiva ou o mesmo contexto. Neste trabalho, optamos por um recorte que focou na análise desses três componentes, por entendermos que isso pode trazer sentidos pedagógicos para a comunidade educacional.

Em função disso, e por ser utilizada a TRI que permite comparabilidade entre as diferentes edições, entendemos também que a interpretação pedagógica das escalas do Enem não se encerra neste estudo, pois o mapa pode receber continuamente novas descrições que contribuem para esclarecê-lo. Portanto, do mesmo modo que as matrizes de referência não se confundem com o currículo, que é muito mais amplo, a interpretação pedagógica das escalas representa um recorte que tomou por base um conjunto de itens aplicados no ENEM.

Esses itens foram elaborados tendo como ponto de partida as matrizes de referência e não esgotam as possibilidades de abordagens de suas habilidades. Ainda assim, a interpretação pedagógica das escalas sinaliza, a partir das sentenças descritoras dos itens, aspectos importantes para o planejamento do ensino nessa etapa da educação, a medida em que apontam possíveis articulações entre situações vivenciadas e valorizadas no contexto em que se originam para aproximar os conhecimentos escolares da realidade extraescolar.

Além disso, quando o participante do exame visualiza a posição de sua proficiência na mesma escala em que se localizam as sentenças descritoras dos itens, tem a informação sobre as habilidades que ele já desenvolveu e sobre as que estão em construção.

É importante ressaltar que a interpretação pedagógica não se encerra neste trabalho. Ao contrário, está em permanente atualização e representa uma referência, tanto para aqueles que irão participar do teste - aumentando a transparência do processo e lhes auxiliando no planejamento de seus estudos - como para aqueles que desejarem realizar estudos a partir de análises dos resultados do teste.

Além do mais, a escala de proficiência na área de linguagem leva em consideração a capacidade de o aprendiz desenvolver as quatro habilidades na língua: ouvir, ler, escrever e falar. Quando o ENEM foi formatado como um exame de proficiência, nós - professores de idiomas - já tínhamos essa tétrade formada nas quatro habilidades, todavia existia muita dúvida na formatação delas fora desse contexto, foi quando o texto acima surgiu como base de explicação.

3. A lista do INEP, *ranking*?

Mas o que acontece na prática? Que lista é essa? Com certeza você já se deparou com alguma mídia em rede social na sua cidade, com manchetes sensacionalistas do tipo: *"RANKING DO ENEM PUBLICADO!!"* Nela, há as melhores escolas do seu estado ou país.

Convido-o a baixar, a última versão disponível da lista, e observar os nomes de várias escolas e sua posição, a quantidade de participantes inscritos, ou ainda, as públicas compartilhando espaço com as privadas e federais. Perceba, também, que é comum algumas estratégias como essa que crio logo a seguir: aplique um simulado, ranqueei os 20 melhores alunos com as melhores notas: os conhecidos como "feras", inscreva-os na ESCOLA X1; e os "outros" (desfavorecidos pedagogicamente) na ESCOLA X2,

Essa hipótese lhe fará aparecer na lista duas vezes: os alunos da X1 foram separados como os bons, a probabilidade de uma boa colocação na lista é maior; e os da X2 bem distantes nas posições. Sei que escolas usam unidades diferentes na lista, como também aparecem em posições diferentes, entretanto se estamos falando de qualidade de ensino, porque não estão no mesmo patamar? Confesso que apenas um estudo mais aprofundado pode ser feito para entender esse processo

Por outro lado, se pensarmos melhor, esse número e colocação no *ranking* serve para captar matrículas, afinal de contas estamos falando de estratégias, não é? Alunos movem as escolas! E as escolas precisam deles para se manter.

Existe não só essa, mas outras brechas na lista, o INEP vem tentando tirar o foco dessa característica de *ranking*, porém sem sucesso até agora. Algumas escolas estão usando essa prerrogativa de maneira inteligente, manipulando suas variáveis em detrimento do seu melhor resultado, pois o seu aluno está preocupado na posição da escola, e não no que ela realmente tem a lhe oferecer, e esse faz parte de um nicho de mercado. Pode parecer polêmico o que falei, mas prometi aqui mostrar experiências, vivências, e essa é a nossa realidade atual.

3.1 A lista como fonte para captação de matrículas

O ENEM se transformou em uma indústria, e rentável! Se não fosse por ele, não estaria em meu terceiro livro. No entanto, comparar realidades como essa e escolas que não tem o foco de ser "escola de show" tão diferentes é injusto, tanto que existem vários marcadores na lista: socioeconômico, número de alunos inscritos, tempo de permanência na escola, entre outros.

Como uma forma de diminuir as comparações, esses citados não são pontos de partida para determinar quem é fraco ou quem é forte, qual a escola tem o melhor ensino de base, se o fundamental I e II fazem um bom alicerce, se o ensino médio aprofunda como deve aprofundar entre outras incertezas, mas sim mostrar as escolas como estão em relação as outras de diferentes partes do Brasil usando diferentes conceitos

Silvia Collelo, da Faculdade de Educação da USP, em entrevista à Folha, disse que devemos ter cuidado ao usar esses números como indicativo de qualidade de uma escola: "Para avaliar, é necessário considerar a população que entra na escola. Indiscutivelmente as classes média e alta têm vantagens por terem acesso a bens culturais que as classes menos privilegiadas não têm", diz e acrescenta: "Claro que temos escolas particulares boas e ruins, e muitas vezes os dados não dão condição de avaliar quanto a unidade faz."

E o INEP, diz o que sobre isso? Encontramos no documento chamado de Nota Explicativa ENEM 2015 por Escola: "Os resultados do ENEM por Escola devem, no entanto, ser considerados com cautela, uma vez que a participação dos estudantes no exame é voluntária. Por esta razão, a representatividade dos resultados varia de acordo com o percentual de participação de estudantes em cada escola." [...] "Na análise de resultados, é importante ainda considerar as informações contextuais que são disponibilizadas, como os indicadores de nível socioeconômico e de formação docente da escola".

O próprio documento pede cautela ao lidar com tais informações, já que essa participação dos alunos é voluntária e, ao meu ver, não representa a real condição do ensino médio.

É triste para a coordenação pedagógica da escola ver uma família chegar para matricular e perguntar qual a colocação da escola no ENEM. Essa atitude mostra um nível de desinformação enorme, mesmo que a matrícula não seja para um ensino médio e que exista sim uma manipulação da lista, por parte de algumas escolas, que passa despercebido pelas famílias.

Essas não querem saber da qualidade do ensino, seu nível social, a qualidade dos seus docentes, projetos, evolução das áreas, ela quer saber daquele pequeno grupo de alunos que estão na lista e foram classificados em uma boa colocação. Infelizmente, ali estão representando a escola e seu organismo, muitos deles não tiveram vivência nela, não passaram pela sua formação escolar, chegaram pré-formatados de outros ambientes, afinal de contas, permitir a entrada desse aluno na sua escola com um "vestibulinho" é melhor do que começar com um aluno nota zero.

3.2 De olho na lista

Primeiro, a lista é divulgada em formato de dados, com vários arquivos, talvez você tenha dificuldades em abri-la da primeira vez. Mas, com paciência e um bom setor de TI vai ser mais fácil. Quando tiver acesso ao arquivo verá que a lista se divide, basicamente, em colunas, nas quais temos:

A) nome da escola

B) quantidade de alunos (alunos que se submeteram ao ENEM)

C) tp. dependência adm. esc. (se a escola é privada, federal, estadual)

D) notas por área

E) nota redação

F) média da escola

G) Classificações – nacional, estadual, municipal

Fonte: microdados2017

Ao meu ver a lista atualmente excluiu três marcadores muito importantes, o nível social da escola (BAIXO, ALTO, MUITO ALTO) o nível de qualidade dos docentes da escola, índice de permanência do aluno naquela escola em seu ensino médio. Chamo a atenção de todos para o item B do tópico acima.

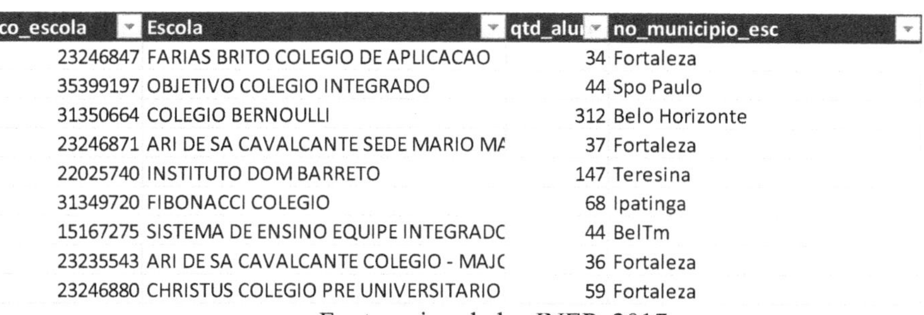

co_escola	Escola	qtd_alu...	no_municipio_esc
23246847	FARIAS BRITO COLEGIO DE APLICACAO	34	Fortaleza
35399197	OBJETIVO COLEGIO INTEGRADO	44	Spo Paulo
31350664	COLEGIO BERNOULLI	312	Belo Horizonte
23246871	ARI DE SA CAVALCANTE SEDE MARIO M/	37	Fortaleza
22025740	INSTITUTO DOM BARRETO	147	Teresina
31349720	FIBONACCI COLEGIO	68	Ipatinga
15167275	SISTEMA DE ENSINO EQUIPE INTEGRADC	44	BelTm
23235543	ARI DE SA CAVALCANTE COLEGIO - MAJC	36	Fortaleza
23246880	CHRISTUS COLEGIO PRE UNIVERSITARIO	59	Fortaleza

Fonte: microdados INEP, 2017

O item B versa sobre o número de alunos que se submetem ao exame naquele ano, portanto inscritos pela escola como aptos a fazer o exame. Esse número é fator preponderante para a estratégia citada nas páginas dessa obra: uma escola inscreve 312 alunos enquanto outras 44, 34, 37 e assim por diante.

A reflexão que quero propor, nesse momento, é a de que se uma escola inscrever um número reduzido de alunos, a probabilidade de essa estar mais acima da lista é maior ou menor? Se a escola usar seu "vestibulinho" como padrão de qualidade, e tem um bom discurso regimental para isso, a resposta é sim! Não preciso levantar as diferenças entre prova e avaliação nesse livro, já existem obras no mercado com esse sentido, a reflexão vai para as escolas que recebem esse aluno como um diamante não mais bruto, lapidado, precisando apenas de um bom polimento, nesse viés fica bem mais fácil trabalhar. Entretanto, a grande diferença serão as ferramentas que esse aluno vai receber, como vai absorver e manipulá-las em seu dia a dia.

Se levarmos em consideração a metáfora acima, fica mais fácil receber esse aluno que será o espelho da minha lista, sem dúvida! Não vamos aqui criar falsos contextos: esse aluno esteve na escola X1 a vida inteira e, por um desvio familiar, ou insatisfação, resolveu mudar no fim do seu ensino médio. Antes, existia um marcador para identificar esse parâmetro - o índice de permanência desse aluno na escola, se ele entrou desde o início ou apenas no fim do ensino médio – que foi excluído da lista, pois essa contagem de vivência era mais um marcador para sentir se a escola atual era diferencial ou o mérito veio de outras instituições.

Ao meu ver, enquanto educador, a escola que consegue empoderar um aluno nota zero de entrada em uma sondagem, transformando-o em um grande e polido diamante, está de parabéns! É a maior recompensa que uma escola, professores e pais devem receber.

Outro fator excludente da lista são as escolas públicas que concorrem em seu sistema com escolas de alta performance. Essa é a maior crítica que a lista recebe: o fator social foi retirado da última versão, pois a tentativa era isolar a escola privada de nível social muito alto, das de nível social baixo.

A nível de amplificar seus números como retomadas estratégicas e desenvolvimentos de planos de ação, os itens D, E e F são os mais importantes dela para análise e direcionamentos de gestão. Use a lista da maneira que melhor lhe convier.

4. As plataformas de ensino

É notória há evolução dos sistemas e plataformas de ensino em contraste as editoras. Trabalhei vários anos com editoras escolhendo os livros, material apostilado e sempre reclamava aos divulgadores da falta de atualização ou até mesmo do descaso com erros que se repetiam nas edições a cada ano, exatamente pela obra não ter grandes atualizações.

Percebendo esse nicho de mercado, resolvi direcionar em 2010 um livro apenas para interpretação de textos em inglês com foco na prova do ENEM, atualizando-o em 2013. Com o passar do tempo, comecei um trabalho *freelance* analisando capítulos e partes de obras para editoras com leitura crítica, foi quando percebi uma pequena melhora e preocupação na atualização e posicionamento das competências e habilidades nas obras.

Do outro lado da moeda, empresas como SAS, FARIAS BRITO, POLIEDRO, BERNOULLI, entre outras, evoluíram o escopo de materiais, atacharam uma plataforma de ensino com diferenciais de mercado, que impossibilitou as editoras tradicionais acompanharem. Tamanha foi essa inovação que surgiu, então, a crise do material didático e a ascensão dos sistemas de ensino, isso é um fato incontestável! Esses, evoluíram em pacotes educacionais que atendiam da escola de bairro a escola de alta performance.

Além disso, os sistemas foram além do livro didático e abriram um leque de ferramentas transdisciplinares em processos didáticos educacionais, com o intuito de ajudar as escolas a dar passos maiores, empodera, não só com ferramentas, mas supervisão e mentoria, mostrando que cada peça tem seu lugar, basta perseverar e posicioná-las no tabuleiro de forma correta, dessa forma, o sucesso era garantido.

Os sistemas mostraram, também, que os coordenadores são gestores de processos educacionais, como também propuseram estratégias de retomada, com vários indicadores como ENEM, simulados internos e olimpíadas. Se penso ainda como uma escola tradicional, arraigada em um princípio secular como diriam os filósofos: "uma escola que está no século dezenove para um aluno do século vinte e um"; e se a escola que você gerencia hoje em dia se posiciona de maneira tradicional, como também possuí os motes: "educar para a vida", "formação do indivíduo como um todo", "comprometimento com a educação"; está na hora de pensar diferente e ir para um sistema de ensino.

Os sistemas de ensino continuam diferenciando-se das editoras tradicionais exatamente por fazer a escola pensar diferente do que vinha cadenciando a anos: o ensino precisa ser dinâmico, para jovens e adolescentes dinâmicos e conectados 24h. Pense bem, caso você hoje esteja usando a mesma metodologia de 20 anos atrás, os mesmos livros, os mesmos projetos, mude! E rápido!

Agora, a peça fundamental do seu tabuleiro, e mais importante nessa mudança, é o professor: profissional diferencial para mediar o "saber-fazer". Além disso, toda a engrenagem da escola deve estar coesa e alinhada com o que há de melhor para o professor usar e abusar em sua prática. Partindo desse ponto de vista, elencarei um perfil profissional desejável nesse modelo de gestão. Saliento que não existe perfil de sucesso, porém, o que mais se adeque a alta performance, pois boas escolhas determinam seu futuro!

5. O professor que necessito

Em 2015, fomos eu e um grande amigo professor e gestor de escola pública, Prof. Alínio Araújo, chamados para ministrar uma palestra para alunos do curso de Letras – inglês, português e literatura de uma universidade privada do nosso estado. O momento tinha como assunto o mercado de trabalho para o profissional de letras, com a proposta de conversar um pouco com eles, mostrar a carreira do profissional atual e as possibilidades de trabalho para essa área de tantas vertentes.

Na nossa fala, além dessa abordagem, também pontuamos o outro lado da moeda: os percalços que enfrentamos enquanto professores e quais as possibilidades de colocação no mercado atual que devem ser evitadas. Foi quando, em determinado ponto da nossa apresentação, percebemos o quanto nossas licenciaturas não preparam nossos futuros professores.

Falar sobre ENEM, competências, eixos cognitivos, comandos operatórios e habilidades fez com que a plateia nos olhasse com estranheza, parecia que estávamos cometendo uma heresia, pois expressões de dúvida e agonia saltavam dos olhos dos então discentes, que ansiavam, antes de mais nada, em saber quanto podiam ganhar dando aula e onde poderiam trabalhar.

Se você lê esse livro e está em uma licenciatura fico feliz, ainda há tempo de mudanças de novas percepções. Porém, se você ocupa um cargo de gestão pedagógica, e é responsável pela seleção dos docentes, melhor ainda! Trabalhe na formação do seu professor, principalmente dos que não entendem o perfil da sua escola - quando falo perfil é qual o professor que você deseja, o que pode ser moldado, melhorado e potencializado.

Reflito bastante enquanto gestor pedagógico ao ler planos de aula nas entrevistas, se o candidato cita competências e habilidades que serão requeridas ou desenvolvidas naquele momento, se tem a didática atualizada, entre outras coisas. Confesso que me decepciono bastante ao receber planos com recortes imprecisos, descontextualizados ou com cunho "extremamente" tradicional. Infelizmente, essa é a regra da grande maioria dos candidatos, levando-me a pensar: como esse professor está em sala hoje em dia? e o que esperar de um professor para alta performance?

Deseja alguém já preparado? Isso não acontecerá, ou melhor, acontecerá em raras situações! Exigir na sua seleção esse direcionamento para o ENEM, *expertise* em itens, memorização de todas as competências e habilidades da área, que use metodologias ativa, pensamento criativo e ainda todas as linhas das matrizes de referência é utopia!

A grande maioria das nossas universidades, em suas licenciaturas, não trabalham nossos professores para o ENEM, nem citam! A licenciatura mantém um conjunto que se preocupa em ambientar o professor em sala, mostrando ferramentas, metodologias de base e disciplinas didáticas para que essa prática seja a mais próxima do "real".

Penso que, até por causa disso, a BNCC ampliou o acesso a não licenciados no documento, chamando-os de profissionais com "notório saber," a ingressarem em sala exatamente por terem percepções diferentes do que as licenciaturas estão acostumadas a formar. Acredito ser uma boa alternativa, e o professor por profissão não ficará abalado, já que essa modalidade vai ser específica para momentos em algumas escolas.

Voltando ao empoderamento do seu professor, algumas instituições esperam sim encontrar o professor pronto! O exame de seleção docente é tão exigente quanto o de um concurso público, e os que ficam, são considerados heróis e tratados como tal.

No processo seletivo de algumas escolas, prioriza-se o conhecimento pré-adquirido e experiência comprovada em preparação para provas padronizadas e ensino médio. Entretanto, a margem que consegue ser aprovada dos docentes é bem baixa e, geralmente, quando esse professor é efetivado, trabalha em outras escolas e seu nível de comprometimento é baixo.

Evidencio que esse fator, "comprometimento", é de alta performance, porque comprometer-se com o ensinar e aprender tem que ser mais uma condição para a contratação, tendo em vista que professor sem compromisso com esse contexto, infelizmente, deve ser repensado. Assim, comprometer-se com a escola e o que propões é o primeiro passo para o profissional ajudar a escola a atingir alta performance.

5.1 A seleção de professores para uma equipe de alta performance

Vários são os fatores que levam um professor a dar uma aula de qualidade e essa heterogeneidade é bem aplicada quando o parâmetro é o impacto da sua aula, bem como seu desempenho diante de uma turma, ou o desempenho de seus alunos em um exame padronizado, que é o que queremos atingir.

O relatório de Desenvolvimento do Banco Mundial, de 2018, informa que essa caraterística não é explicada por formação, experiência ou mesmo o tipo da escola que trabalham, se A, B ou C.

Um outro determinante na vida do professor é o caminho mais simples adotado por um grande grupo, que passou a ser mostrado como um perfil em formato geral: 1."conhecimento profundo dos conteúdos", 2."didática de ensino", 3."empatia com os alunos" - esses tem demonstrado serem fatores de qualidade no seu ensino.

Sonmark (et al, 2017) cita um caminho baseado em um leve paralelo entre "conhecimento dos conteúdos" e "conhecimentos de conteúdos pedagógicos" relacionando-os de sua área e conteúdo a qualidade do ensino.

Se pensarmos nesse viés, conteúdo e didática estão aliados e o mercado de trabalho dita essa forma como sendo a do professor ideal, em uma estrutura que pode ser imaginada como uma teia de processos, onde competência deve ser adquirida com o passar do tempo, pois o conteúdo dever ser trabalhado unindo a didática do professor com uma dinâmica atraente e atualizada.

Um outro fator é o do professor novato, recém-saído da universidade, com a teoria fresca (conteúdo) e abertura ao novo, mas sem a didática. Enquanto que o professor estabelecido faz uma boa transmissão e gestão do conteúdo, quem contratar? Primeiro é dever da escola fornecer ferramentas de formação, antes de querer o melhor! Afinal de contas, ninguém nasce pronto, para que esse professor entrante potencialize não só seu conhecimento, mas que o use da melhor forma na hora de transmitir para seus alunos, uma longa estrada ainda está por vir.

A escola que precisa selecionar um professor com suas características, ou um perfil específico para atender as suas perspectivas e objetivos, deve em primeiro lugar escolher um profissional que esteja aberto a mudanças, entender o novo e absorver novas práticas criativas.

O profissional com esse perfil é um dos requeridos para uma alta performance. Todavia aquele professor estabelecido, burocrático e alheio ao uso das novas tecnologias, adverso as formações e que não pode atender as parametrizações, precisa mudar!

Entretanto, isso não é uma regra, pois percebemos que alguns com esse perfil se renovam e fazem de tudo para acompanhar o ritmo: passam pelas formações, adaptam-se, procuram aprender, mostrando uma inclinação para o novo e deve ser mantido pela escola; enquanto outros preferem bater cabeça e ceder ao inconformismo, inflamando posturas antiéticas e até direcionando contextos contrários nos corredores e sala dos professores.

Por fim, o professor tem que ser parceiro e contar sempre com a coordenação na resolução de inquietações e dissabores do dia a dia, a atitude em sala de aula diz muito, assim como a atitude desse professor que esperamos, a ética e responsabilidade com sua escola e seus alunos.

Ainda sobre essa seleção, existe percurso que deixo aqui para os coordenadores pedagógicos ou gestores usarem em uma seleção. Inicialmente, peça para que o candidato traga uma avaliação elaborada por ele em anexo ao seu *curriculum vitae.* Analise essa avaliação e de cara perceberá se ele reconhece:

A) contextualização

B) interdisciplinaridade

C) entrada do contexto no dia a dia do aluno

D) qualidade na elaboração dos itens

E) se evita as pegadinhas e erros de ortografia

F) se sabe organizar as questões conforme o ENEM, etc.

Uma outra dica muito útil, dessa vez em uma situação hipotética, vamos pensar em um grupo, no qual preciso destacar um "professor ENEM": quero encontrar um professor que seja prático e que conheça muito bem sua área. Com característica de *workshop*, separe em pequenos grupos por área de conhecimento, entregue textos motivadores da área a cada um, peça para elaborar itens em um determinado tempo e que o grupo de reúna para explicar como se deu a elaboração para uma banca. Essa é uma estratégia infalível, adeque ao seu modelo! E, lembre-se: o professor que mostrar maior retórica, liderança e conhecimento se sobressairá e deve ser pontuado como preferido naquele momento da seleção.

Ainda sobre formar seu professor para alta performance, essa deve ser continuada, é essencial! Não adianta esperar a semana pedagógica no início do ano, ou em momento oportuno, trazer um *expert* em ENEM, entregar material aos professores e pedir para que a equipe leia ou consulte, esse material vai mofar no armário do professor e seus objetivos não serão atingidos.

Deixo aqui a melhor opção para criar camadas com momentos de reflexão e retomadas de contextos, que indico para

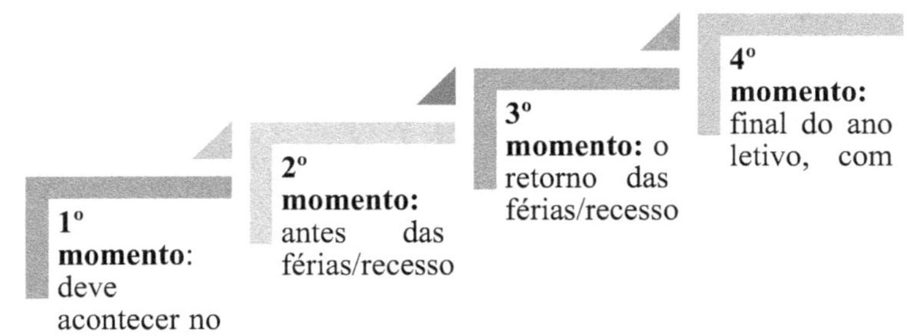

uma escola de alta performance:

Todas as formações devem ter uma sequência lógica, lembre-se, essas são para aprimoramento técnico, com especialistas, desde a área específica, correlata e formação em provas padronizadas. Observe que não citei aqui os encontros para análise de rendimentos e tomada de decisões sobre notas de simulados ou retomadas em performances deficitárias em avaliações externas.

Essa formação devotada traduz a competência em formar constantemente, e tem que ser da escola, precisa ser em grandes padrões de planejamento, com assuntos, debates e abordagens diferentes, com profissionais que atendam a qualidade exigida pela escola e para a escola, não adianta trazer um amigo, ou casos como: "...ouvi falar que ele é bom", nada disso! Providencie empresas, palestrantes ou professores com experiência de mercado no assunto, nessas vivências, é comprovado que não adianta uma palestra apenas, pois o discurso pelo discurso se perde, temos que pôr a mão na massa, criar, programar, realizar.

Essa abstração de apenas ouvir, vai gerar um conhecimento intrínseco e a área, com todos os seus professores, precisa unificar o conhecimento entre as séries, compartilhar e não segmentar sua escola em etapas de ensino. Essa necessita ser uma preocupação de toda a equipe de gestão, formar o todo para a qualidade de suas partes, já que unificar processos na conquista de grandes resultados deve ser o tópico das suas formações.

5.2 *Formação continuada para alta performance*

Nas formações em alta performance, espera-se que os encontros promovam uma unificação e partilha entre a equipe em todos os níveis de ensino, e tenham como sugestão os tópicos abaixo, respeitando a vivência acadêmica de cada grupo e de mercado:

A) 100% contextualização;

B) Conhecer bem as competências e habilidades da sua área (incluir BNCC);

C) Promover diálogos entre as áreas com situações cotidianas;

D) Manter-se atualizado (Leitura de mundo – conhecimento enciclopédico);

E) Elaborar itens próximos aos do ENEM em níveis: fácil, médio e difícil;

F) Criar projetos para vivência do conteúdo;

G) Dialogar proporcionando transdisciplinaridade

H) Resolver e criar situações problemas.

Ou seja, o professor de alta performance, e que precisamos para o ENEM, deve ter esses tópicos acima já bem desenvolvidos em sua prática, é o desejável, principalmente os que usam metodologias ativas, que saem do "livro no peito" e transmitem seu conteúdo de forma dinâmica e atrativa para o aluno.

Abaixo desenvolvi os tópicos dando uma visão geral do que se pode esperar em cada um desses momentos:

A) CONTEXTUALIZAÇÃO – O ENEM como uma prova de contexto que é, exigirá do professor a habilidade de conhecer a prova profundamente. Um dos problemas que algumas escolas encontram em seus professores, é a falta de leitura do profissional em contextualizar, e os apontamentos para que isso não aconteça são dos mais variados, geralmente, a área de matemática é a que mais usa desse discurso. Acredito que temos sim um certo conteúdo, naquela parte específica da ciência, que vai exigir uma atividade mais mecânica na produção das respostas. Mas, sem contexto para essa produção?

É inconcebível, para o professor de alta performance, questões sem problematização, fora de contexto ou enfatizando a regra pela regra (obedecendo na matemática alguns casos, poucos mais podem existir. Só não escute do seu professor que a grande maioria não permite contextualizar, reveja com a coordenação pedagógica novo direcionamento, pois é possível sim!)

Sabemos da organização das provas padronizadas (em formato geral, ainda precisamos evoluir bastante) quanto ao uso de memorização, como viés interpretativo, e de resolução de questões sem problematizações em alguns casos. Porém, a obrigação da memorização e reprodução de regras deve ser evitada quando pensamos nos itens dessas provas, pois, nesse formato, iremos além memorização.

A problematização tem que partir de um contexto expresso, claro, que apresente linearidade na leitura, que situe o aluno socialmente e que, diante do contexto, ative mecanismos de resolução, percepção e leituras paralelas a problematização, achando assim o resultado! Portanto, questões de modelo tradicionais já caíram em desuso em várias escolas como testagem ou treino. Sabemos que até o ENEM tem alguns problemas nesse quesito, mas sua escola não terá, não é verdade?

B) CONHECER BEM AS COMPETÊNCIAS E HABILIDADES DA SUA ÁREA – Vou um pouco mais além, pois alinhar a leitura da matriz de referência para conhecimento seria exigir demais. No entanto, não seria impossível, afinal de contas, estamos formatando uma escola com alta performance, lembra? O mínimo que um professor de alta performance deve fazer é andar com seu livreto de cabeceira com todas elas (competências e habilidades) relacionadas, já que não precisa um exercício de programação cerebral neurolinguística para que você as memorize, a intenção é que conheça sua área com a maior propriedade possível: quais são as competências que vem se destacando mais? Quais as habilidades mais recorrentes? Quais as mais difíceis de se alcançar, quais as mais fáceis?

Ao elaborar itens para simulações, avaliações ou exercícios, preciso saber qual competência cobrar, auto-analisar se ultimamente em meus exercícios repito demais uma competência, se preciso trabalhar outras, apoderar-se do retorno desse instrumento, o tempo de resolução do meu aluno, bem como se a competência foi bem aceita, entre outros. Assim, conhecer sua área e criar itens com esse casamento leva tempo, mas quando o professor se dedica, os resultados são surpreendentes. Aposte!

C) PROMOVER DIÁLOGOS ENTRE SUA ÁREA COM SITUAÇÕES COTIDIANAS – Falamos sobre os contextos e sua importância, citamos a importância das competências e habilidades, como também adicionamos que os contextos por trás dos itens devem DIALOGAR sobre situações do cotidiano dos alunos.

É comum encontrarmos itens, citando como exemplo: que falem sobre doenças e epidemias atuais uma questão de matemática que usa a leitura da conta de energia de uma determinada comunidade, os raios que caíram em uma região, movimentos sociais, etc. O ENEM é uma prova que aproxima o aluno da sua linguagem diária, seja ela cognitiva ou social, o objetivo será sempre ativar conhecimento prévio e prepará-lo para receber os comandos da problemática por trás do contexto, sempre com um objetivo interpretativo, proporcionando um alinhamento linear da disciplina com o meio social, e essa com uma percepção de mundo. Criar itens com base nessa leitura é um dos diferenciais do professor ENEM, fique de olho!

C) MANTER-SE ATUALIZADO – Quando falo em manter-se atualizado, digo com referência aos seus estudos cotidianos, quais as tendências que estão sendo exploradas pela sua disciplina? Existem metodologias novas? uma pós-graduação nova, um mestrado, doutorado, um curso, leituras, etc. Como está alimentando o seu conhecimento de mundo? Filtra e repassa para seu aluno? Como exigir leituras e recortes se eu mesmo não leio? Não produzo? Não estou antenado?

Uma dica que dou é usar as redes sociais, principalmente o *Twitter*, pois nesses espaços temos em nossas mãos as situações quando acabaram de acontecer, assunto recente, recortes socias rápidos e práticos. O *twitter,* na minha opinião , é um espaço de produção de informação rápida, um dos campeões nesse quesito, ficamos sabendo de vários assuntos, posicionamentos de revistas, cientistas e personalidades políticas que expressam suas opiniões para sua comunidade; os movimentos sociais que replicam seus posicionamentos fomentando pontos de vista para discussão; e qualquer outro que de uma maneira ou de outra pode afetar o conhecimento gerado pelos seus alunos isso tudo com apenas uma conta do *twitter*. Então, saia um pouco da caverna!

E) ELABORAR ITENS PRÓXIMOS AOS DO ENEM, EM NÍVEIS: FÁCIL, MÉDIO E DIFÍCIL – Não adianta preparar seu aluno para dominar competências e habilidades se na hora de avaliar seu professor insistir em usar "verdadeiro ou falso", "qual a incorreta", "qual a sequência dos números melhor representa a resposta" (em nível de ensino médio, um padrão ENEM precisa ser modelado). Esse Exame não tem questionamentos com essa configuração, já observaram? O elaborador deve separar a ideia de vestibular tradicional do ENEM.

Formar sua equipe para elaborar itens ENEM ajudará nesse quesito, uma das práticas que deve ser feita constantemente é de *workshops* com esse tema. O professor deve imergir nesse tópico, aproximar os itens da sua avaliação e manter todos em conformidade com o ENEM. Esse espelho pode te dar um bom retorno e isso pode acontecer durante a elaboração e aplicação de um simulado, por exemplo, que tenha como base as últimas edições do exame. Sem dúvida, uma significativa vivência! Pode-se, também, usar os assuntos de maior incidência, como os disponíveis no final desse livro, a criatividade é sua! O salutar é aliar habilidades e competências ajustando as séries desde o fundamental II também é possível, basta planejar.

F) CRIAR PROJETOS PARA VIVÊNCIA DO CONTEÚDO – Temos professores hoje que promovem projetos maravilhosos nas escolas, com temas dos mais diversos. Estimule-os! Os projetos proporcionarão vivência ao conteúdo, o projeto dá vida, motiva. Conteúdo estanque, na maioria das vezes, é tedioso para o aluno, que perde o interesse, baixa a cabeça e espera a próxima aula, não gera aprendizagem significativa. Tudo isso é comprovado em vastos estudos que, quando o conteúdo é apresentado de forma lúdica, dinâmica, proporcionará um grande aprendizado.

Alguns professores acham trabalhoso adotar projetos ou tem medo de expandir sua didática nessa direção. Porém, digo - com propriedade - que com um bom planejamento e acompanhamento é possível, basta programar e ir além. Os projetos, em alguns casos, devem transdisciplinar o conteúdo, o bom exemplo de início é o ensino hibrido ou sala de aula invertida - se preferir. Essas são apenas algumas das ferramentas mais úteis para esses projetos, como disse, uma das! A lista é extensa e vai esbarrar apenas na capacidade de criação do professor.

Lembro, quando trabalhei poemas em sala, comecei pelo RAP. Primeiro, os alunos criaram significado para aquele assunto: apresentei as músicas, as rimas, licença poética, usei Beatles para contrapor o discurso com situações cotidianas e cultura, analisamos letras de músicas e, ao final, os alunos criaram seu próprio RAP, que foi filmado e publicado na rede. Ou seja, trabalharam o gênero textual que é recorrente na prova do ENEM, letra de música e poema em si, perceberam como as possibilidades daquele momento eram infinitas e só esbarravam na própria imaginação deles, bastou um *input* diferente e pôr a mão na massa!

G)   DIALOGAR   PROPORCIONANDO TRANSDISCIPLINARIDADE – quando citei aqui dialogar, considero ir além da interdisciplinaridade, intertextualizar com contextos diferentes, dialogar entre as áreas de conhecimento sem priorizar um conteúdo por ele mesmo, como por exemplo: um professor de História que incita a Filosofia e Sociologia como disciplinas complementares ao fato histórico, disciplinas que não apenas adicionarão informação ao tópico, como proporcionarão debate, reflexão e entendimentos, o que em uma mera analise de um contexto através de um texto não proporcionaria.

Citando a área de linguagem, já proporcionei um grande diálogo entre inglês com a disciplina de Física, o tópico era raios, emissão e formação de raios, descarga elétrica. Para isso, demonstrei vocabulário, casos nos Estados Unidos sobre o tema, usei notícia, charges e peças publicitárias. As duas áreas conviveram em um mesmo contexto com múltiplos diálogos, transdisciplinamos em vários momentos, proporcionando uma riqueza de detalhes e um conhecimento para o aluno além da sala de aula. Esse momento aconteceu em um aulão: é sempre de encher os olhos, o ENEM e seu aluno agradecem.

H) RESOLVER E CRIAR SITUAÇÕES PROBLEMA – O aluno hoje em dia deve ser incitado a resolver grandes problematizações na escola e fora dela, para isso, enraizamos essas na escola. Nessa imersão, devemos incitá-los a apresentar uma proposta de resolução, pois já é assim na redação. Muitos professores esperam que o livro didático apresente tais problemas para que apresente-os em sala e, como disse anteriormente, se seu sistema de ensino não for bom, seu aluno não saberá resolver problematizações, pois, nem se quer, sabem o que é!

Observei grandes problematizações serem levantas em sala, com resolução em formato de itens, os alunos precisavam discutir, achar a resposta entre eles e marcar a resposta correta. Mas, o professor exigia uma apresentação do: "como chegaram a essa resposta?". Até mesmo um item sem resposta fechada, mas que se chegava a uma resposta em nível aceitável de resolução, a problematização exposta nas questões deve passar por níveis de dificuldade, devendo também usar como estratégia para pensamento, atividade em grupos ou metodologia, na qual priorize o debate com proposição de solução.

As situações problema devem ser base das suas avaliações em toda a escola, o aluno deve ser direcionado a resolvê-las dentro de um prisma de respostas, que ele receba esse conhecimento e desenvolva-o com as ferramentas que tem em mãos, sejam elas fornecidas pelo professor - no momento da mentoria - ou conhecimento enciclopédico. Essa resposta, mesmo que naquele momento se desvirtue do caminho, deve ser aceita e debatida. Problematizar com foco em resolução de itens é um fator ENEM, use e abuse desse sistema!

O comprometimento do professor na execução dos tópicos de A a H, compartilhados aqui, é um dos fatores que podem alavancar a qualidade do seu ensino aliados ao quesito tempo e vontade em fazer diferente. É quase um pré-requisito para sua equipe adotá-los e desenvolvê-los, o ideal era que todos adotassem essa execução aliada ao Exame do Ensino Médio. É possível?

5.3 Imersão no ENEM como diferencial de curriculum

Em uma escola de alta performance, o professor com profundo conhecimento no ENEM faz o diferencial em sua prática. Além de atender todos os requisitos citados acima, deve gerenciar seu tempo na resolução de itens em sala, seu planejamento e suas retomadas devem levar em consideração marcadores voltados para o ENEM, como também dedicar-se a escola, cumprindo seus prazos e metas determinados pela sua coordenação para sua disciplina, e entender os contextos externos a sua área que podem cair na edição futura da prova.

Trocando em miúdos, o docente precisa estar 'antenado' com as mudanças e as tendências do momento, assim como conhecer profundamente sua área: este é o perfil de alta performance. Esse conhecedor dos assuntos de grande incidência, da formatação da prova, que se antecipa aos temas, que produz conteúdo de qualidade e que mostra ao aluno de uma maneira fácil e didática o fluxo do exame, sai na frente dos demais, conheço vários com esse perfil.

A escola precisa constantemente prover formação para eles em elaboração de itens, interdisciplinaridade, gêneros textuais, uso das novas tecnologias, mudanças no exame entre outros, já que são temas que perpassam o dia a dia do profissional que está afogado em alguns conteúdos distantes da realidade do ENEM por atender meramente questões de currículo. Mudar para atender o público na terceira séria é o ideal, principalmente se trabalhar e conhecer os conteúdos de maior incidência, priorizando-os em seu planejamento.

6. O novo coordenador pedagógico

A origem da função de coordenador pedagógico data desde o período da educação jesuíta no Brasil. A função ganhou vida em 1961, chamando-a de coordenador distrital, em 1965 passou a ser chamado de orientador pedagógico, atuando em várias escolas. Posteriormente, em 1969, apenas uma escola prestando assistência técnica aos professores do ensino primário, orientando os docentes. Por possuir certa instrução, orientava docentes, aplicava planos e programas de ensino, tendo seu papel principal como "controlador das aplicações dos métodos que aperfeiçoassem as condições de ensino-aprendizagem dos alunos " (LOURENÇO, 1974, pp. 1, 17-19)

Para Libâneo (2001), o coordenador pedagógico é aquele que responde pela viabilização, integração e articulação do trabalho pedagógico, estando diretamente relacionado com os professores, alunos e pais. Junto ao corpo docente, o coordenador tem como principal atribuição a assistência didática pedagógica, refletindo sobre as práticas de ensino, auxiliando e construindo novas situações de aprendizagem, capazes de auxiliar os alunos ao longo da sua formação.

Ainda de acordo com Libâneo (2004), as funções do coordenador podem ser assim resumidas: "Planejar, coordenar, gerir, acompanhar e avaliar todas as atividades pedagógico-didáticas e curriculares da escola e da sala de aula, visando atingir níveis satisfatórios de qualidade cognitiva e operativa das aprendizagens dos alunos, onde se requer formação profissional especifica distinta da exercida pelos professores (p. 221, 224)". Isso afirma, também, que a principal função do coordenador pedagógico consiste em dar assistência pedagógico-didática aos professores, visando a qualidade de ensino, auxiliando-se a conceber, construir e administrar situações de aprendizagem adequadas às necessidades educacionais dos alunos. Seu papel, portanto, é monitorar sistematicamente a prática dos docentes, sobretudo, em situações de reflexão e mediação. O autor também lista uma série de atribuições que são delegadas como responsabilidade do cargo:

1. Responder por todas as atividades pedagógico-didáticas e curriculares da escola e pelo acompanhamento das atividades de sala de aula, visando a níveis satisfatórios de qualidade cognitivas e operativas do processo de ensino e aprendizagem;

2. Supervisionar a elaboração de diagnósticos e projetos para a elaboração do projeto pedagógico-curricular da escola;

3. Propor para discussão, junto ao corpo docente, projeto pedagógico-curricular da unidade escolar;

4. Orientar a organização curricular e o desenvolvimento do currículo incluindo a assistência direta aos professores na elaboração dos planos de ensino, escolha de livros didáticos, práticas de avaliação da aprendizagem;

5. Prestar assistência pedagógico-didática direta aos professores, acompanhar e supervisionar suas atividades

tais como: desenvolvimento dos planos de ensino, adequação de conteúdo, desenvolvimento de competências metodológicas, práticas avaliativas, gestão de classe, orientação da aprendizagem, diagnósticos de dificuldades, [...] (LIBÂNEO, 2004, p. 219-221).

6.1 O maestro da escola

Pelas leituras aplicadas aqui, podemos chegar à conclusão de quem é o maestro da escola, não? O coordenador pedagógico está cercado de atribuições diárias, semanais, mensais, anuais, entre outras. Cada uma com um grau enorme de responsabilidade, como se não bastasse tanta responsabilidade, Franco (2008, p. 128) cita que essa tarefa de coordenar o pedagógico não é uma tarefa fácil.

É muito complexa porque envolve clareza de posicionamentos políticos, pedagógicos, pessoais e administrativos. Como toda ação pedagógica, esta é uma ação política, ética e comprometida, que somente pode frutificar em um ambiente coletivamente engajado com os pressupostos pedagógicos assumidos.

Lima e Santos (2007, p. 77-90) relatam que, no decorrer da prática de trabalho, os coordenadores devem desenvolver outras competências, quais sejam:

A. É importante que transformem o seu olhar, ampliando a sua escuta e modificando a sua fala, quando a leitura da realidade assim o requerer;

B. É necessário que a consciência coletiva seja respeitada, a ponto de se flexibilizar mais os planejamentos e que os mesmos sejam sempre construídos do e a partir do olhar coletivo;

C. Ter a capacidade de olhar de maneira inusitada, de cada dia poder perceber o espaço da relação e, consequentemente, da troca e da aprendizagem;

D. Ser capaz de perceber o que está acontecendo a sua relação com o professor e deste com o seu grupo de alunos;

E. Poder perceber os pedidos que estão emergindo, quais os conhecimentos demandados e, consequentemente, necessários para o momento e poder auxiliar o professor;

Além de tantas atribuições, atualizações dessas e posicionamentos, uma nova característica desse profissional responsável por metaforicamente por consertar e lubrificar as engrenagens da escola, conduzir os planejamentos para os resultados e fazer a escola funcionar, deve focar o ENEM.

Busquei uma bibliografia específica para tentar uma leitura paralela do que seria o coordenador ENEM, achei que eram muitas as atribuições, algumas ainda da época dos jesuítas e me questionei se o profissional que precisa estar ligado em ENEM tem as mesmas funções de uma pedagogia tradicional.

Assim, encontrei na área de administração, e amplamente citado em artigos e trabalhos acadêmicos em educação, uma parte do que Chiavenato (1997, p.101) mostra, quando situamos a escola como uma empresa administrada por pessoas, com pessoas e processos. Nesse sentido, e como uma fábrica, trago à tona: "não se trata mais de administrar pessoas, mas de administrar com as pessoas. As organizações cada vez mais precisam de pessoas proativas, responsáveis, dinâmicas, inteligentes, com habilidades para resolver problemas, tomar decisões".

Achei uma definição perfeita para o coordenador ENEM. Se pensarmos em uma escola como uma empresa que é, a proatividade, responsabilidade, dinamismo, inteligência e que essa, tenha habilidade na resolução de problemas e tomar decisões, atingimos o gestor pedagógico ou cargo correlato na organização das nossas escolas.

Nessa perspectiva, se pensarmos numa gestão participativa, que situa e identifica as necessidades dos professores, alunos e famílias, e, com eles, encontra soluções que priorizem um trabalho educacional de qualidade, caímos mais uma vez no trabalho desenvolvido pelo coordenador pedagógico. Mais que isso, se voltarmos um pouco o capítulo, vamos comparar as funções ou habilidades que estão relacionadas para o professor e tire um tempo para compará-las com as do coordenador tradicional: existe muita diferença? Um possui mais atribuição do que o outro?

O coordenador de uma escola de alta performance, além de seu PDCA - *Plan* (planejar), *Do* (fazer), *Check* (checar), *Analyse* (analisar) tradicional, encontra nessa máxima da administração a perspectiva de usar o sufixo RE- (do inglês, de novo, mais uma vez) antes de cada, RE-DO, RE-CHECK, RE-PLAN e RE-ANALYSE.

Nesse profissional, seu PDCA é um eterno LOOP, principalmente em cada resultado de simulado, a cada avaliação externa ou a cada agrupamento de notas da escola. Portanto, o coordenador pedagógico deve "redirecionar" os planejamentos da equipe para atender fragilidades que se mostraram, em especial nas provas padronizadas ou nas avaliações da escola, direcionando-os para retomar conteúdos que se mostraram deficitários, como também trabalhar cada competência e habilidade junto, tudo direcionado pelo maestro ENEM em uma sintonia constante com a equipe.

Um corpo de apoio pedagógico bem distribuído para ajudar a coordenação, sobretudo na checagem dos planejamentos, assistindo as aulas e conferindo junto aos professores as retomadas, é de suma importância. Entretanto, tendo em vista o organismo vivo que é a escola, intempéries podem surgir no meio do processo, atrapalhando a entrada, saída e retomada das informações e o apoio estará lá para - junto a coordenação pedagógica - filtrar e dar mais espaço para que essa possa se organizar e direcionar em busca de resultados de alta performance.

O coordenador pedagógico tradicional foi remodelado dentro do perfil de gestão, para atender e entender os processos de uma empresa, sua organização e funcionamento. Com isso, esse profissional passa a ser um dos mais bem valorizados dentro de uma escola, sendo responsáveis pelo correto e amplo funcionamento do seus processos e resultados, e escola de alta performance, necessita de coordenadores de alta performance.

7. Conhecendo minhas dificuldades

Nesse capitulo falarei sobre um alinhamento que necessita de grande coleta de dados por parte da sua escola, coleta essa que quase sempre interdepende de uma ferramenta externa. Das conhecidas no mercado, temos disponível:

A. Números do MERITT +ENEM

B. Média por área fornecidos pelo INEP, microdados.

C. Ferramentas fornecidas pelos sistemas ou plataformas de ensino

D. Simulados externos corrigidos pela TRI com devolutivas de correção

E. Ferramenta interna de correção gabaritada com devolução em TRI

F. Retomada simples das avaliações bimestrais ou trimestrais baseado em apenas um espelho de correção fornecido pelo professor.

Sem "INDICADORES", não existe planejamento estratégico ou plano de ação. Foi doloroso saber que você não tem nenhum deles? Sim! Você precisa conhecer suas fragilidades e trabalhar em cima de cada uma delas, pois essas precisam estar alinhados com seu planejamento e expostos para a equipe tomar decisões pedagógicas e pontuais, como também serão seu espelho de acompanhamento.

Esses números lhe mostrarão a performance do aluno, como anda o desempenho da turma, e contra fatos não há argumentos. Neles aparecem claramente se precisa mudar a metodologia, aprofundar, recuar ou ativar novas! Além disso, mostrará um raio-x verdadeiro do atual estado de aprendizagem do processo como um todo, exponha seu calcanhar de Aquiles!

Essa leitura, ou análise aprofundada, norteará uma nova prática e, sobretudo, o que devemos corrigir. Essa gestão do empoderamento para alta performance foge um pouco da didática e pedagogia tradicional, sendo utilizada em grandes empresas com foco diferente da educação, além de ter sido percebida essa fragilidade nas escolas após anos de estudos de caso sobre fracassos de grandes instituições de ensino e recriadas, pouco a pouco, com a entrada dos grandes grupos com características de empresa na área.

Essa junção, entre o velho e o novo, nos faz refletir e criar novas definições conceituais para o cargo, como: "Monitoração crítica dos resultados em processo de refazimento de metas e ações." Afinal de contas, preocupo-me com os resultados da minha escola ou não? Preciso olhar para o rendimento dos meus alunos e fazer valer o termo "avaliação formativa" como um princípio de retomada? Ou, vou deixar que meu professor avalie, desenhe a nota e passe para o próximo capítulo?

Aqui, preocupamo-nos com resultados concretos, seu monitoramento direto, análise estratégica de seus resultados e uma colocação no topo da lista. Criticamente, é um processo constante de "refazimento" de metas e ações, deve ser impresso e colocado como lembrete, para que vire seu lema diário: "AVALIAR SEMPRE COM RETOMADAS!". Ou seja, trabalhar minhas fraquezas em detrimento do avanço na construção das competências necessárias para meu aluno atingir seus objetivos, bem como manter a escola padronizada, a fim de obter, com essa organização, os melhores resultados no ENEM.

Precisamos de números, lembram? Concatene os seus, adote ferramentas, use as que tem, mas use a partir das ferramentas propostas. Então, pergunto: possuo ou tenho conhecimento das micro habilidades deficitárias da minha escola? Ao trabalho!

7.1 Reflexão I

Com os números em mãos, e um espelho de análise, não adianta entregar ao seu professor as matrizes de referência, as competências de cada área e pedir para que ele faça um cruzamento.

É impossível para a maioria, sem a ajuda e direcionamento do maestro, desenvolver um bom trabalho. Porém, ao invés disso, que tal ser mais específico e mostrar as micro habilidades por trás daqueles números? Expostas no espelho de análise? Cada área demonstrará um gargalo em um micro habilidade (pode chamar de conteúdo) que deverá ser retomado com os alunos para total resolução dessa brecha demonstrada. Após essa análise, resolvi criar abaixo mais uma situação hipotética para desenvolvermos essa ideia:

> *"... na escola X, em seu último simulado, especificamente, a área de Ciências Humanas demonstrou que 68% dos alunos da terceira série erraram um determinado item regulado na competência C1, Habilidade H1,...."*

Convenhamos, temos pouca informação a respeito e, se pensarmos apenas em nível de competências e habilidades ficamos no macro, mas a micro habilidade vai nos mostrar a sequência com o conteúdo *"....esse déficit apareceu em História Geral – Mundo moderno – Absolutismo."*

Ficou claro assim que essa escola precisa se preocupar com o conteúdo pontual "absolutismo", pois quase 70% dos seus alunos demostraram dificuldades neste item. Diante disso, uma análise criteriosa precisa ser feita com a equipe, professores da área (caso exista esse cargo na sua escola) e coordenação pedagógica – será que o item tinha uma grande entrada em Filosofia ou Sociologia, mas meu aluno analisou apenas o viés histórico? O professor conseguiu trabalhar o saber-fazer em absolutismo, analisando as questões de grande incidência, ou promovendo debates? Ou, de maneira estanque e tradicional, jogou o conteúdo em formato de pesquisa para casa e agora sentimos esse resultado?

Esses indicadores também são chamados de *micro habilidades* deficitárias, e devem ser levadas em consideração como fator preponderante no planejamento. Nesse caso, o professor necessita refazer seu planejamento, pois a cada falha demonstrada em uma avaliação, o professor carece replanejar, principalmente se o indicador tiver relação com ENEM.

O espaço de aplicação dessas retomadas variam bastante nas escolas brasileiras, já presenciei em: carga horária da disciplina estendida na grade, aulões, uso dos ambientes virtuais, aulas no contra turno, uso de espaços como o laboratório para a vivência do conteúdo deficitário, lista de exercícios para casa, grupo de estudos por Skype e aula tradicional em sala normal, dentro do planejamento do professor. A questão aqui é de usar a melhor alternativa para você e sua escola, nem sempre a que soou melhor para X soará para Y, basta adequar.

7.2 *Reflexão II*

> "... no ENEM 2017, especificamente, em matemática 4% dos alunos acertaram o item 143, esse item tem a habilidade H2 como base – foi uma questão DIFÍCIL pela TRI e o assunto por trás da problematização foi - Matemática > Análise Combinatória > Combinação."

Está muito claro que a luz vermelha acessa aqui indica um forte problema em análise combinatória. Nesse momento, preciso continuar o planejamento com trigonometria? Ou preciso tirar a poeira debaixo do tapete? Não adianta fazer vista grossa se seu aluno passou batido nesse conteúdo e apenas 4% dos seus alunos tiveram capacidade de absorver e resolver esse item.

Os coordenadores pedagógicos analisam os indicativos, mas, além da análise, o planejar como ação efetiva necessita ser levado em consideração, lembre-se: "monitoração crítica dos resultados em processo de refazimento de metas e ações".

Se meu aluno demonstra grande dificuldade em meio ambiente e tenho uma grande carga de botânica sendo estudada, por que não priorizar certos conteúdos em detrimentos de outros?

Priorizar não é jogar um determinado assunto em uma gaveta e deixar estanque, esquecido, sepultado, mas sim direcionar o planejamento do professor para, quando o indicador me mostrar que devo mexer em algumas peças, reposicionar, mas que façamos com propriedade, sem esquecer-se do maior beneficiário – O ALUNO.

Ao deixar de memorizar partes de plantas naquele conteúdo extenso de botânica, e mostrar as mudanças que levam a degradação do meio ambiente onde se vive, trabalhar nesse viés é de maior valia naquele momento para o ENEM do que esperar e cobrar do aluno conteúdos ineficientes? Sem entrada ou uso em seu cotidiano?

Balancei as prioridades da sua escola, o ENEM tem sempre nos mostrado que o contexto do dia a dia é mola propulsora para o entendimento das situações problema propostas. Dessa forma, o conhecimento enciclopédico é essencial para esse desenvolvimento.

Conheço poucas escolas seguidoras dessa dinâmica, contudo esse formato de retomar tem se mostrado ser fator "diferencial" na ascensão de algumas, já que não adianta apenas receber a informação, devo refletir: o que eu efetivamente faço para trabalhar essa dificuldade com meus alunos? O que efetivamente posso fazer com esse conteúdo?

Todavia, escutamos sempre: "Não tenho espaço no meu planejamento", "minha escola não consegue lidar com esses fatores", entre outras situações. Entretanto, uma análise com proposição de retomadas em conjunto entre escola e professores deve ser levada em consideração, Analisar – Checar – Fazer e Supervisionar adicionando o refazer, precisa ser adotado, estar claro no dia a dia da equipe, principalmente das coordenações e apoio, que supervisionam e acompanham o trabalho do professor.

Não tenho dúvida que, se esse fluxo for obedecido, sua escola alcançará o topo dos seus objetivos. Por fim, o trabalho é difícil, mas não é impossível, acredito no seu trabalho!

8. O planejamento

Diante dessa perspectiva de dinamismo, citada em um ciclo de retomadas e vivências, o planejamento tradicional deixa a característica de gaveta, e passa agora a ser um novo instrumento: de monitoração crítica e dinamicidade. Nele, deve constar um cruzamento do requerido pelo currículo com suas "fragilidades" pós-indicadores, e não apenas uma reprodução do que está no capítulo dos livros.

Esse conteúdo não compreendido, precisa de um corte cirúrgico, direcionado aos seus objetivos, anseios, porque essa releitura do planejar tem o intuito de retomar, mas não retomar de forma caricata, superficial, do tipo: "olha, vocês já sabem disso, erraram por besteira...", e sim do Absolutismo em humanas e Análise combinatória em matemática serem ministrados novamente, para que se consiga alcançar objetivos mais profundos, concretos.

Saber que meus alunos vão mal na disciplina de Física, especificamente, em mecânica e eletricidade, possibilita, já que são de grande incidência no ENEM, traçar um norte para planejar, ou seja, não posso apenas relacionar, de forma robotizada, o capítulo do livro trabalhado com o exercício em sala de aula, como também enumerar as páginas a serem trabalhadas ou ainda programar o dia da minha avaliação e fechar os meus olhos para a real dificuldade do meu aluno. Preciso, para sanar essa dificuldade, através desses indicadores, trabalhar esse conteúdo periférico - aqui chamado dessa forma - e, a partir dele, fazê-lo entender da melhor maneira possível essa entrada junto com o conteúdo, a fim de atingir uma totalidade no entendimento melhorando assim os objetivos da escola.

Existem currículos de escolas e não posso afirmar com propriedade a incidência, que usam a 3ª série apenas como ponte de revisão do ensino médio e da matemática do fundamental II, ou seja, assuntos da 1ª e 2ª série, não deixando conteúdo em aberto para o final do ensino médio, transformando essa série em um grande aporte revisivo de conteúdos, é fato! Assim como existem sistemas de ensino que descem conteúdos para outras séries, afim de diminuir o peso deles na terceira série. Diante disso, se essa for uma possibilidade na sua escola, use esses espaços para forçar os conteúdos de grande incidência no planejamento.

Contudo, essa dinâmica passa despercebida no planejamento do professor, por diversos motivos, entre eles:

A. falta de tempo;

B. professor trabalhar em várias escolas;

C. não existir direcionamentos da escola ou coordenação;

D. a escola não mostra ao professor esses números, deixando-o desinformado das dificuldades apresentadas e a importância desses indicadores, para o crescimento do aluno, da escola e, como consequência, o avanço expressivo no Ensino Nacional do Ensino Médio (ENEM).

Esse planejamento, com características de retomada, pode ser feito em sua carga horária normal ou em carga horária alternativa: em aulões, minicursos ou da maneira mais apropriada para sua realidade. Cada escola tem suas particularidades quanto à carga horária e à distribuição de disciplinas, já que algumas possuem contextos bem específicos, mas requerem uma sistematização especial no planejar das dificuldades especificamente falando. Por isso, use do bom senso e da forma que melhor lhe convier, porém a hora também é essa.

Na dinâmica nacional em que vivemos as mudanças, em passos rápidos, e o ano letivo da terceira série ser reduzido até novembro, em detrimento do ENEM, faz com que o planejar, *refazer* e monitorar sirvam como um "olhar direcional" que, às vezes, o professor não consegue ter, até mesmo pela informação depender de ferramentas, nas quais ele não tem acesso.

Dessa maneira, cabe a equipe pedagógica da escola traçar o planejamento em conjunto com a equipe, expondo o ajuste que precisa ser feito: ordenar com cooperação, encontrar a aresta a ser trabalhada e, em conjunto, mostrar ao docente que um trabalho assim é o mais eficiente, mostrar que seu planejamento deixou de ser estanque, menos burocrático e agora dinâmico ou metaforicamente, se assim o desejar, "vivo". Pode ser uma dicotomia, um choque, e caberá a escola transmitir essa segurança, sempre com propriedade para a equipe.

Deste modo, a resistência existirá, acredite, e isso é fato, mais ainda quando existe uma zona de conforto, é algo histórico, cultural, em algumas escolas. Por isso, caberá dialogar e, aos gestores, propor ao professor a mudança, sempre monitorando se o momento foi eficaz ou não.

8.1 Pensando em um plano de ação paralelo ao planejamento

O "plano de ação" é uma ferramenta que paralelamente pode ser anexada ao planejamento do professor, principalmente na escola que não quer sair do seu modelo tradicional, preocupando-se didaticamente em cumprir determinados modelos pedagógicos.

Esse é um documento que deve ser elaborado junto ao planejamento tradicional, foi criado com o objetivo estratégico-pedagógico de agregar um escopo a mais ao planejamento, sem arranhar o documento original. Nele, podemos ainda adicionar o déficit e até mesmo inserir ambos em uma retomada só.

Abro um parêntese aqui, e sei da obrigatoriedade do currículo da escola, da burocratização dos conteúdos, que várias escolas parametrizam como os conteúdos devem passear pela educação básica, e sei também das obrigatoriedades da legislação. Mas, nesse depoimento, estou priorizando o aluno que tem conteúdos contextualizados na terceira série do ensino médio com foco no ENEM, e entendo que cada escola trabalha da forma de atuação embasada em seu Projeto Político Pedagógico (PPP).

Longe de mim, fatiar seus conteúdos e que utopicamente você assume esse partido, contudo, competência se constrói em vários contextos sociais, bem como em uma grande vivência, já que a escola é mediadora e faz com que o aluno perceba essas competências no seu cotidiano, tornando-o competente em outras palavras – não falamos aqui de uma competência, mas, de um conjunto que arquiteta objetivos, anseios e vitórias.

8.2 Criando um plano de ação

O plano de ação é um documento que tem um LEAD - *lead* do Inglês: "guiar, conduzir", o *lead* aqui, foi criado com o intuito de guiar esse plano, formatando-o através de perguntas que são feitas levando em consideração respostas embasadas pelos indicadores da sua escola. Dessa forma, dois fatores servem como base:

1 – Os tópicos deficitários demonstrados pelos indicadores escolares;

2 – Os assuntos de maior incidência no ENEM (pequena lista ao final do livro).

De posse desses dados, o professor, no preenchimento do documento, responderá os questionamentos de guiamento, respeitando a sequência:

1. AÇÃO: Qual ação desejo desenvolver?
2. OBJETIVO: qual objetivo desejo alcançar?
3. ENVOLVIDOS: quais as séries, ou série farão(rá) parte do plano?
4. ESTRATÉGIAS: quais estratégias o professor/escola usará(ão) para aplicar efetivamente os conteúdos que precisam ser retomados?
5. ASSUNTO RETOMADO: se déficit em simulado, avaliação, micro habilidade;
6. DISCIPLINAS ENVOLVIDAS: se pode ser inserido mais de um contexto na retomada;
7. RECURSOS NECESSÁRIOS: quais recursos o professor precisará para pôr o plano em execução?

8. CRONOGRAMA: quando iniciará essa retomada, quantidade de aulas?

9. RESULTADOS ESPERADOS: que ele espera desse guiamento?

Esse documento deve ser anexado ao planejamento do professor, lembrando que no plano de ação devo especificar situações relacionadas com as "retomadas", "retomadas de indicadores", "retomada estratégica de simulados", ou qualquer outro parâmetro que não queira, por ventura, adicionar ao meu planejamento, chamado aqui de "planejamento tradicional".

Existem professores que preferem inserir os conteúdos deficitários dentro do seu planejamento tradicional, acrescentando as retomadas, uma a uma, porém não recomendo! O plano de ação vai servir também para monitoramento, será avaliado e acompanhada sua execução pela equipe do apoio pedagógico de forma crítica, e ganharemos tempo vendo a informação nua e crua à nossa frente, num documento diferente ao planejamento tradicional, faça o plano de ação.

Uma pergunta que sempre respondo nesses direcionamentos, e aproveitando o ensejo, gostaria de já me antecipar e responder: "O plano de ação é só pra 3ª série?" Não! O plano de ação pode ser aplicado também no fundamental I e fundamental II, desde que a sua escola demonstre, através de um instrumento avaliativo, indicativos, números ou micro habilidades para retomadas, isso é possível.

Aquele déficit indicado no plano de ação em matemática na terceira série do ensino médio, por exemplo, pode ser um fator a ser trabalhado com o sexto, sétimo ou oitavo ano. Imagine que, por algum motivo, existe um indicador insatisfatório em alguma competência de matemática, na qual os alunos estão com dificuldade em operações com números inteiros ou nas quatro operações. O fundamental I pode participar, com planos de ação específicos para implementar projetos lúdicos em matemática, gamificação ou lógica para os alunos do quarto ou quinto ano? Sim, as possibilidades do plano de ação são múltiplas.

Voltando para a elaboração do plano, as partes, consideradas por mim como as mais importantes a serem observadas, são duas: estratégias e cronograma.

Nas estratégias, o professor vai pensar o "como priorizar aquele conteúdo deficitário", então algumas perguntas surgem: relaciono ou não com o conteúdo regular? Posso suprimir um conteúdo regular em detrimento do plano de ação? A resposta é óbvia que sim, mas, antes o professor/escola deve analisar suas prioridades, e volto a frisar, qual sua prioridade? O planejamento não fará você se desvirtuar do proposito, basta seguir!

Vejamos mais um exemplo prático:

- Um conteúdo de Trigonometria, vastíssimo, que sua escola assume um contexto de que para sua comunidade escolar "arcos" é dispensável, ele pode ser suprimido ou selecionado? O que fazer?

Solução: seleciona-se o que a escola/professor determina como suficiente para o conhecimento do aluno no assunto "arcos", ou, direciona a quantidade de aulas e exercícios para aprendizagem básica, e insere no plano de ação "matemática fundamental" ou "geometria", afinal de contas meu aluno está com desempenho insatisfatório nesses dois elementos matemáticos e preciso ganhar tempo. Com isso, eu priorizarei estrategicamente um déficit apresentado pela minha escola, e estarei retomando-o em conjunto com o planejamento de sala de aula, agora, com um documento dinâmico que é o *plano de ação*.

O cronograma é um segundo ponto-chave, de grande importância. Eu chamo esse *lead* de: *culminância do plano de ação*: é quando o professor efetivamente vai unir a execução do tradicional ao estratégico, vamos chamar assim!

O cronograma precisa de um tempo formatado de forma clara, pois não posso indicar "no início do ano", "na volta do recesso", "no meio do trimestre", ele precisa de uma data: dia/mês no trimestre, bimestre, semana, ou espaço de tempo preciso, que deve ser indicado, na quarta e quinta aulas do dia x, mês Y.

Com o plano pronto para aplicação uma estratégia, massificada pelo mercado, é direcioná-lo para balizar aulões ou contextos similares, dependendo do conteúdo. Portanto, seja em matemática e natureza, um aulão, ou conjunto de aulões pode suprimir o determinado pelo plano de ação.

O aulão precisa ser pontual, ministrar o conteúdo, checar a aprendizagem e retomar novamente em sala, é mais trabalhoso. Porém, sugiro um aulão de quatro horas para cada tópico, dependendo do déficit, com aplicação de listas de exercício e checagem de acertos e erros em uma atividade gabaritada, sugiro também que a metodologia seja diferenciada, já que usou o livro como base, que use agora computadores, simuladores, softwares, projetos, ensino por estações ou aula de laboratórios

Em disciplinas com uma base de discussão maior, onde o debate serve de pano de fundo, ou com menor aporte de conteúdos, uma estratégia diferenciada deve ser ativada, um direcionamento de aulas extras ou algo mais específico precisa e deve ser pensado.

Por fim, a informação não deve ficar abstrata, tem que ser pontual, haja vista que esse espaço cronológico de retomada tem que ficar claro à coordenação e ao apoio pedagógico para acompanhamento e posteriormente checagem da eficácia. Tenha uma excelente retomada!

8.4 Monitorar em busca da qualidade na aplicação

Não devemos confundir o ato de monitorar com o ato de policiar. O poder não é de polícia, ou repreender o professor do motivo pelo qual não houve "aquela" retomada programada, mas sim construir, em conjunto, analisar os motivos, mostrar que é possível. Com isso, nutrir a liberdade de que a escola está modificando seus processos para uma maior mobilidade dos seus conteúdos, deixando-os cientes de que essa é a melhor alternativa para ativar as habilidades necessárias a fim de uma melhor aprendizagem.

O ato de monitorar me transmite uma segurança plausível de que, com propriedade, sentirei se o que foi planejado está sendo cumprido, e os indicadores estão claros dentro do planejamento do professor, ou no plano de ação. Sei que no papel fica tudo muito bonito, mas, no dia a dia da sala de aula, um olhar externo se faz necessário!

Ainda, sobre o monitoramento crítico do plano de ação, a equipe pedagógica da escola tem papel muito importante nesse momento, no qual as aulas devem ser assistidas, checadas e analisadas. Porém, caso exista uma fuga do planejado, a equipe precisa estar atenta, apontar, registrar, entender e o registro ser feito com o auxílio do professor. Dessa forma, a equipe de apoio pedagógico deve estar 'antenada' nesse monitoramento e sinalizar rapidamente para o coordenador pedagógico, seja para indicar uma reformulação ou fazer a (re)análise do planejado, por qualquer motivo no atraso.

Estamos nesta fase com conteúdos pontuais, metodologia além do planejamento tradicional, esses são documento de cabeceira! E, mais uma vez, contra números não há argumentos, como dizem os matemáticos. Assim, tais números chegaram até o professor, através de índices, estes indicam um pedido de socorro, um espelho da minha prática, eles demonstram que meu aluno precisa de um olhar direcionado, claro e objetivo.

Estratégica e efetivamente já tenho em mãos uma maneira de "diminuir", se não, acabar as dificuldades da minha escola. Você já tem a possibilidade de documentar déficits, monitorá-los reconhecer suas competências e habilidades deficitárias. Assim, as micro habilidades são uma derivação dessas competências e são de suma importância, como também como conhecer o alunado e dinâmica das disciplinas são fatores preponderantes para que possa direcionar suas decisões. Dessa forma, o coordenador pedagógico e equipe agora tem que ter um conhecimento multifacetado e a orientação ao professor será constante, sendo esse o motivo do monitoramento em detrimento da qualidade

9. Ferramentas de empoderamento

Após estudarmos várias engrenagens da escola com algumas proposições, aqui entro na *práxis* da sua escola iniciando com um questionamento: resolução de exercício ou administrar o conteúdo pelo conteúdo? Ao levar para a vivência dos alunos, estamos sempre exercitando, pluralizando histórias, e dessa prática, criamos e desenvolvemos ainda mais as nossas competências.

Nos tópicos abaixo repassarei dicas de empoderamento efetivo de alta performance, que devem ser analisados por você e sua equipe para que, dessa forma, atinja o topo na classificação. Vejamos eles.

9.1 O exercício por contexto

O *exercício por contexto* é uma das práticas mais antigas encontradas na escola e está, há muito tempo, presente como mais uma metodologia a ser utilizada. Por isso, a máxima é estressar no formato exercício, permitir que o aluno pratique por grau de dificuldades e sempre contextualizar, tendo o devido cuidado de que tal recurso nasce da máxima de que, o professor deve usá-lo para ensinar o conteúdo.

Porém, é claro que a qualidade do contexto é muito importante, a resolução dos exercícios devem vir de um texto base bem elaborado e de fonte confiável, usando-o como um conteúdo base, dentro dele, retirar o conteúdo indicado pelo meu material, resolvermos exercícios com retomada de conteúdos, contextualizando-os sempre, é um dos referenciais e, por trás dessa indicativa, é que se encontra o melhor resultado: significar para aprender. Assim, o saber fazer, nada mais é do que pôr a mão na massa, seu meu aluno deve ser fera em resolver exercícios, exercitar diariamente, em casa, na biblioteca da escola, massificar o treino diário, repetir semanalmente tópicos e, dessa forma, sentir-se à vontade em resolvê-los.

Ao falar de exercícios, devemos retomar a qualidade desse recurso, pois eles devem estabelecer padrões nos itens, por exemplo: evitar itens com marcação de verdadeiro ou falso; itens para marcação de resposta incorreta; itens que devem conter contextos de A a E; itens com problematizações de dificuldade baixa, média e alta; evitar questões descontextualizadas, entre outros fatores devem ser transmitidos aos professores com o intuito de se aproximar ao máximo dos itens do exame. (NOTA: essa padronização está sendo indicada com foco no ENEM)

9.2 O aulão como metodologia para o ENEM

Outra dica a ser usada é o *aulão*. Esse nada mais é do que juntar todas as suas turmas em um só local, seja sala, auditório, cinema e ministrar o momento para todos os alunos em uma grande sala de aula.

Alguns *aulões* chegam a ser cinematográficos, em boates, cinemas, parques, sendo, alguns, mais um momento de relaxamento do que de aprendizado. Contudo, não seguem regras, cada evento faz a sua e sabemos que a interdisciplinaridade e contextualização são fatores que devem ser cobertos nesses momentos. Dessa forma, chego até a ouvir de colegas em vários momentos de que o ENEM é uma prova mais de contexto do que interdisciplinar, e os aulões querem falar por essa voz.

Observo também que, quando acontecem, precisam ser bem planejados, e as disciplinas muito bem casadas com seus assuntos, porque não adianta querer misturar física com matemática, se física vai teorizar mais do que calcular. Poderá misturar Biologia com História? Será ótimo, pois essa fala sobre doenças enquanto a segunda do período de vacinação. Para isso, a aula precisa ser bastante pontual e a sugestão é que verse sobre os tópicos de maior incidência de 2009 a 2017, ou como aqui citado um conteúdo do plano de ação.

9.3 Os simulados

Hoje, existem vários simulados, de cores, texturas e "vibes" diferentes, evoluíram muito, empresas já te entregam simulados idênticos ao ENEM e o melhor, com correção pela TRI e ranqueando sua escola com outras escolas parceiras.

Existem várias escolas que simulam de todos os tipos e formatos, buscam as mais diferentes alternativas do mercado, simulam na semana, aos sábados, usam as novas tecnologias em simulados virtuais e nas quantidades: cinco vezes, dez vezes.

Cansa, não? Mas, enfim, o que seria simular? Simular é fazer parecer real, e os dicionários são muito claros quanto à definição. Entretanto, o problema no "fazer parecer real" é o seguinte: seu simulado é real, em que sentido? Suas questões são próximas da realidade do ENEM? Você simula com o mesmo rigor? Você repassa os resultados para seus alunos, de forma quantitativa, colocando apenas quantos fizeram a prova e ranqueando-os? Ou, qualitativamente, entrega ao aluno um espelho de correção com suas micro habilidades? Você simula o fechamento dos portões? Obedece aos dois domingos?

Se faz dessa forma, parabéns! Essa é a melhor alternativa, simular no sentido de promover a imersão dos seus alunos no dia da prova, fazer parecer real, não existe outra maneira de simular o dia da aplicação se não for "igual ao dia da aplicação" – continue assim!

9.4 O lado socioemocional

Além de simular a prova e suas nuances, devemos simular também o lado emocional do aluno, pois este, nos dias atuais, trabalha com um nível de ansiedade imenso, por isso, deve-se trabalhar, na escola, o seu nervosismo em conjunto com o fator tempo, já que uma das maiores reclamações do alunado hoje é: "tive que chutar, pois não ia dar tempo".

Esta palavra martela nossas cabeças, afinal de contas, o brasileiro, culturalmente, faz tudo de última hora e, na escola, sempre estuda de véspera. Então, como fazer para ajudar meu aluno a administrar seu tempo?

Padronize! Determine tempo para a resolução! O professor que entrega uma lista ao aluno, em dois tempos de aula, e corrige ao final do segundo tempo está com sua fórmula fadada ao insucesso. Repasso sempre para meus alunos uma situação que deveria ser dita a todos: explico, através de um conceito básico da Teoria de Resposta ao Item (TRI), que, se no dia de linguagem eles se dedicarem em fazer uma redação perfeita e levarem duas horas ou três para esta produção, não farão uma boa prova dessa área. Isso é fato! O aluno vai "chutar" esses itens e, com estes chutes, sua proficiência vai ser medida levando em consideração os chutes e sua nota reorganizada, isto é, ele pode até ter feito uma redação muito boa, mas, a pontuação dele vai ser inferior, baixa e jogará fora um ano de dedicação.

Assim, ele precisa administrar o lado emocional aliado ao fator tempo para atender a resolução dos itens com a produção do texto, o insucesso dessa técnica deixa-o estressado e inseguro. Algumas escolas possuem equipe de psicólogos e psicopedagogos que fazem durante todo o processo o ajuste emocional das turmas com atendimento individualizado, principalmente perto do exame, assim como adotam atividades de relaxamento, jogos, escutas e ajuda junto à família no emocional dos alunos, é de suma importância uma mente limpa e segura antes da prova.

9.5 A redação

Sabe aquela máxima: a prática faz a perfeição? Um bom leitor é um bom escritor? Pois bem, Redação só se escreve, escrevendo, mas não apenas escrever, e sim com o exercício de ler os textos motivadores propostos, entender o que se pede, criar e propor uma solução. Ao final, essa produção deve ser lida por equipe, corrigida e, se necessário, fazer a reescrita.

A redação vale 1000 pontos, e você poderá zerar se infringir alguns parâmetros como:

a. Assinar a prova;

b. Desenho: qualquer desenho ou emoticon/emoji;

c. Número: número quando isolado do corpo do texto;

d. Sinal gráfico: o sinal gráfico quando não é parte do texto

e. Anulação proposital: risco, rasura ou palavra sobrescrita em todo o texto ou em parte dele, que expressem o desejo de anular a redação, desde que não restem mais de 7 linhas em Língua Portuguesa não anuladas.

f. Texto ilegível: não há sequer configuração de letras ou há letras, mas não há sequer configuração de palavras ou há apenas uma ou outra palavra legível;

g. Texto predominantemente em língua estrangeira, desde que não haja mais de 7 linhas em Língua Portuguesa.

OBS: Além dessas, outros parâmetros como: cópia, fuga do tema, não atendimento ao tipo textual e parte desconectada estão presentes como base das regras de 2018.

Cinco competências norteiam a escrita da redação na correção e a escola precisa ter todas bem trabalhadas, determinadas por níveis que somam de 0 a 200 ponto, por competência, respectivamente. São elas.

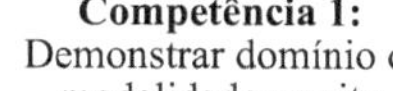

Na minha análise, a C1 é a competência mais difícil de se alcançar, por motivos óbvios, tendo em vista que lidar com a norma culta da língua portuguesa, nesse sentido, é imprescindível aulas de gramática na grade e um trabalho de redação com correção da norma padrão rigorosamente, usando se necessário planos de ação apenas com esse objetivo.

Conversei na pesquisa para criação do livro com professores de gramática e, durante esses momentos, uma professora com vasta experiência na área me confidenciou que essa é a primeira competência na qual uma banca procura erros, até mesmo quando se tira um 1000 a "prova dos nove" é nela. Então, investir em todos os níveis de ensino nela é de suma importância!

Para isso, o aluno deverá produzir muitas redações durante o ano, muitas leituras e propostas de intervenção. Nas disciplinas de linguagem, deve ficar claro quais competências não atingiu, assim como, deverá nas redações com déficit nas competências "REESCREVÊ-LA".

Após essa sequência, mais uma vez, o professor deverá receber e avaliar se essa formação durante a vivência escolar nas competências foi bem-feita ou não, pois de que adianta apenas receber o que está escrito, desenhar uma nota de caneta e devolver ao seu aluno?

Talvez, a área que mais precise de dedicação e carinho na programação das devolutivas seja a dos professores de redação, pois, lembre-se: a competência da escrita não é aprendida na terceira série do ensino médio, mas desde a educação infantil, onde as primeiras garatujas são produzidas, as palavras desenhadas, as pequenas frases articuladas, as primeiras pinturas dadas. Período esse que a coordenação motora fina está em pleno vapor, e ainda muito distante das distrações modernas.

Em outras palavras, o local é de pura aprendizagem, ludicidade e produção. Existem escolas com projetos modernos e arrojados nessa área com correção individualizada, debates e aulões direcionados para a melhora e alcance da nota 1000 com muito treino e *hard work*.

9.6 Ensino por estações – modelo semi-hibrido

O ensino por estações quebra o método tradicional já na disposição das cadeiras em sala, ao invés dos colegas olharem as nucas uns dos outros, ficam em uma estação, podendo ser mesas com cadeiras dispostas em grupo, ou estações envolvendo tecnologia. Desenvolvi o método para trabalho com projetos que usa a criação de cinco estações. São elas:

- Estação A – Grupo de 5 Alunos
- Estação B – Grupo de 5 Alunos
- Estação C – Grupo de 5 Alunos
- Estação D – Grupo de 5 alunos
- Estação da Tecnologia (Todos os celulares dos alunos ficam aqui)

Os números de alunos em cada estação podem variar conforme a dinâmica da escola ou projeto. Em cada estação, os alunos recebem uma situação problema diferente, todas têm a mesma competência envolvida e mesma área. Vamos ver, então, um exemplo superficial:

SITUAÇÃO PROBLEMA

"Um grupo de pessoas mora em um vilarejo sem água potável, o local e de difícil acesso, e todos precisam desse meio de subsistência, as crianças, conseguem pegar água em um córrego, mas não sabem se ela está própria para consumo, perto dali uma fábrica despeja detritos no solo e as plantações não tem tido o desenvolvimento normal, o que podemos fazer para ajudar essa comunidade?"

O objeto de estudo a longo prazo: como garantir o acesso a água e aumento da produção agrícola para a comunidade?

O objeto de estudo a curto prazo: analisar hipoteticamente como tornar água potável.

Problematização: criar um projeto de poços artesianos e semi artesianos para a comunidade.

Cada estação pensará na solução, a estação chamada de TECNOLOGIA pode ser acessada por um membro do grupo, pode usar a tecnologia para socializar com os colegas as soluções encontradas. Após o debate no grupo, cada estação vai até o quadro e explica quais recursos, ideias e sugestões encontraram, ao final o professor, em caráter de mentoria, reúne as peças e cria com a turma o projeto objeto da aula, encontrando a resposta correta.

Alguns professores ainda usam lista de exercícios no segundo tempo da aula, com o mesmo tópico da problematização, para cada estação grupo de questões com nível de dificuldades baixo, médio e alto.

Portanto, o ensino por estações, já é realidade em várias escolas do país e podem ser desenvolvidas em laboratórios de natureza, envolver computadores e tablets, metodologia ativa, cabe ao professor usar a imaginação e o tipo da ferramenta de empoderamento para os seus alunos.

Quando usamos essa metodologia com característica de alavancar os objetivos em detrimento do ENEM, podemos usar um assunto recorrente em anos anteriores, e problematizar, usando sempre uma competência e habilidades que espero atingir com aquela atividade, bem como adquirir novas.

A metodologia por estação serve para turmas numerosas, na qual a divisão caberá ao professor. Já presenciei escolas que colocam os alunos com qualidade cognitiva alta, junto aos alunos dentro de uma zona proximal, o que favorece a discussão em pares, pois o aluno vê no colega uma boa ponte de aprendizagem e espelha o professor nele, tirando suas dúvidas e promovendo um debate de igual pra igual. A imaginação, aqui, é o limite e os alunos agradecem.

9.7 – Ferramentas de análise de dados

Uma ferramenta citada aqui e que ajuda bastante a ver a evolução da sua escola no ENEM, desde 2009 até sua última edição, com comparativos entre áreas e grupos de escolas concorrentes, é o *meritt* +ENEM, disponível em (http://meritt.com.br/)

Essa é uma ferramenta paga, mas lhe dá uma análise detalhada do seu avanço, podendo ser usado como uma ponte em reunião de pais para mostrar o avanço da sua escola nas médias por área, redação e não só uma posição na lista. O mais importante do que mostrar um número estático é mostrar a evolução da sua escola ano a ano, a subida, mesmo que modesta mostra o empenho e qualidade no ensino da escola, fator empoderante para a equipe e de vitrine para os pais.

Algumas empresas disponibilizam pacotes de simulados para o ensino médio, com correção pela TRI; outras, provas padronizadas para escolas com correção e analise de erros com base em habilidades e competências. Entretanto, lembre-se que a BNCC está vindo e um raio-x profundo dos seus alunos, expondo suas fraquezas lhe ajudará a melhorar futuramente.

9.8 – *O coordenador de área*

Com a criação das áreas de conhecimento na reformulação do ENEM, as escolas sentiram-se fragilizadas em fornecer ferramentas a equipe na junção de conhecimentos específicos, como por exemplo, juntar física, química e biologia em um só contexto chamando-o de ciências da natureza, causou estranheza no primeiro momento.

Porém, percebemos que um olhar macro nesse agrupamento de disciplinas, trariam alguns fatores positivos aos gestores pedagógicos, tendo em vista os conhecimentos vivenciados na atualidade não permitiam entender uma relação harmoniosa entre um modelo de pedagogia antigo ou burocratizado, com essa nova configuração da escola. Foi, então, quando surgiu a ideia primaria de selecionar um professor de área com conhecimento multidisciplinar, que pudesse ajudar a coordenação pedagógica a entender melhor, e conduzir os espaços agora ocupados por uma área inteira.

Esse processo aconteceu, também, com linguagens e humanas, permanecendo apenas a matemática sozinha, mas conforme o ENEM foi ganhando corpo, os assuntos ali conduzidos fizeram com que as escolas desenvolvessem um programa paralelo exclusivo para matemática.

O ideal para o cargo é que essa pessoa possa entender e proporcionar um diálogo direto entre os pares, nas disciplinas da sua área, organizar o pensamento entre as disciplinas, filtrar os discursos, apontar mudanças e analisar retomadas.

Geralmente, esse cargo é ocupado por professores que estão na instituição muitos anos, que conhecem os procedimentos e dinâmica dos documentos da escola, colaboram ativamente com o calendário escolar e tem a empatia do grande grupo pelo qual coordenará.

Esse professor pode ter uma carga horária generosa dedicada para esse trabalho, exclusiva, ou parcial, sendo exclusiva a melhor opção, já que dentre outras coisas, ele supervisionará desde as avaliações e suas adequações ao ENEM, ajuda no planejamento, monitoria das retomadas e análises das fraquezas da área, sempre propondo soluções e inovações.

Também existem coordenadores pedagógicos de área, pedagogos com conhecimentos sistêmicos nas áreas, que executam quase o mesmo papel dos professores, só que de maneira mais dialógica e menos aprofundada.

Por ser uma função nova na escola de alto desempenho, a interpretação que pode ser levantada aqui é exatamente de um especialista, que tenha uma visão cirúrgica dos procedimentos da área, e que possa, junto com a coordenação, agir mais profundamente ainda nas dificuldades e monitorando os resultados com propostas inovadoras de gestão.

10. Conclusão

No avanço das séries, e não só na terceira série - digo em seu período de vivência escolar - encontramos um aluno exposto a várias disciplinas e vários contextos, entrando em contato com gêneros textuais, debatendo suas primeiras ideias principais, calculando, resolvendo, debatendo, criticando e situando seus primeiros desenvolvimentos, relacionando-os com sua conclusão e o meio em que vive. Dessa forma, competências e habilidades não se desenvolvem em apenas uma série, nem mesmo em cursinhos que prometem o ENEM de forma milagrosa, em seis meses, ou através de uma pílula de sucesso.

Competência precisa ser vista como um objetivo a longo prazo, o de formar pessoas conectadas com os fenômenos sociais, capazes de se posicionar criticamente, debater, analisar e propor resoluções. Tudo isso se constrói em uma escola compromissada e de qualidade, sendo esse um espaço de respeito e comprometimento com a família que, como sempre, procura qualidade, escolhendo o melhor para seus filhos.

O ENEM só coroa o fim da trajetória escolar dos alunos, mas nessa série não se opera milagres, tendo em vista que manter o aluno na escola é muito importante e um trabalho de alta performance. Assim, escolher as ferramentas certas, amplifica essa possibilidade, ganha a família, e ganha a escola.

Portanto, cabe a nós, professores, coordenadores, mantenedores e gestores, organizarmos o palco da melhor forma possível para o futuro show que nossos alunos darão em suas vidas, construindo com muito trabalho e perseverança um país cada vez melhor, ético e responsável.

Quando iniciei as pesquisas para essa obra em 2015, já podíamos perceber a crítica ao modelo do Exame, o tópico mais desgastado é o da lista, ranqueando as escolas em um modelo tradicional, a perspectiva de avaliar da maneira justa os participantes é questionada. Porém, não se sabe até quando teremos uma escala dita como justa e séria, pois o cenário das escolas é redesenhado, a BNCC dos anos iniciais já foi aprovada e o ENEM permanece uma incógnita depois da total implantação da Base Nacional, o que ainda está por vir.

Uma das colocações feitas por muitos profissionais é que, nas futuras mudanças, o Exame deve resgatar a capacidade do aluno, da sua vivência como um todo, o que mostra-se perdida na prova atual, até mesmo devido as mudanças que aconteceram e estão por vi.

Não é tarefa fácil situar os números da sua escola e seu desempenho no dia a dia, as ferramentas e experiências compartilhadas nesse livro ajudarão a melhor seus processos, adicionar outros e trabalhar com alta performance.

Nesse meio tempo, um novo currículo já foi desenhado para sua escola, novas preocupações adicionadas e algumas disciplinas do ensino médio foram retiradas para entrarem itinerários formativos. Neles, a liberdade das escolas foi pautada para priorizarem o que lhe forem convenientes, mantendo um bipé no ensino médio com Português e Matemática (até o fechamento dessa obra), mas aí são outros quinhentos, e talvez assunto para uma próxima obra.

APENDICE

Os 5 conteúdos com maior incidência no ENEM de 2009 – 2017
por disciplina

MATEMÁTICA

Assunto	1ª e 2ª Aplicação 2009 - 2017	%
Geometria	189	26,3%
Aritmética	92	12,8%
Escala, razão e proporção	87	12,1%
Porcentagem	60	8,3%
Funções	65	9%

LINGUAGEM
Literatura

Autores de Língua portuguesa com maior incidência no ENEM 2009 - 2017	
18 Vezes	Carlos Drummond de Andrade
6 Vezes	Manuel Bandeira
5 vezes	Ferreira Gullar
	Machado de Assis
4 Vezes	João Cabral de Melo Neto
	Mario de Andrade
	Oswald de Andrade
	Vinícius de Moraes
3 Vezes	Alvares de Azevedo
	Luís Fernando Veríssimo
	Rubem Braga

GERAL

Assunto	1ª e 2ª Aplicação 2009 - 2017	%
Leitura e interpretação de textos	187	28,8%
Estrutura text. e análise do discurso	118	18,2%
Leitura e artes	80	12,3%
Variação linguística	54	8,3%
Gênero textual	54	8,3%

HUMANAS

História

Assunto	1ª e 2ª Aplicação 2009 - 2017	%
Idade contemporânea	53	13%
Brasil colônia	34	9%
Brasil império	26	6%
História Política	25	7,2%
Movimentos sociais	20	6%

Geografia

Assunto	1ª e 2ª Aplicação 2009 - 2017	%
Geografia agrária	54	19,1%
Meio ambiente	47	17%
Questões econ. e globalização	40	14,1%
Geografia urbana	31	11%
Geopolítica	23	8,1%

NATUREZA

Química

Assunto	1ª e 2ª Aplicação 2009 - 20117	%
Química geral	66	24,9%
Físico-química	63	23,8%
Química orgânica	48	18,1%
Meio ambiente	32	12.1%
Energia	25	9,4%

Física

Assunto	1ª e 2ª Aplicação 2009 - 2017	%
Mecânica	64	30,3%
Eletricidade e energia	52	24,6%
Ondulatória	40	19%
Termologia	36	17,1%
Óptica	19	9%

Biologia

Assunto	1ª e 2ª Aplicação 2009 - 2017	%
Humanidade e ambiente	49	22%
Histologia e Fisiologia (animal e humana)	32	14%
Citologia	27	12%
Biotecnologia	21	9%
Fundamentos da ecologia	21	9%

FONTE: Plataforma SAS 2017.

REFERÊNCIAS BIBLIOGRÁFICAS

BRASIL. **Lei de Diretrizes e Bases da Educação Nacional**. Lei n. 9.394, de 20 de dezembro de 1996.

Sonmark, K. *et al.* (2017), "Understanding teachers' pedagogical knowledge: report on an international pilot study", *OECD Education Working Papers*, No. 159, OECD Publishing, Paris.

CHIAVENATO, Idalberto. **Introdução à Teoria da Administração**. 5. ed. São Paulo: Makron Books, 1997.

FRANCO, Maria Amélia Santoro. Coordenação pedagógica: uma práxis em busca de sua identidade. Revista Múltiplas Leituras, v. 1, n. 1, p. 117-131, jan./jun. 2008. Disponível em:<https://www.metodista.br/revistas/revistas-ims/index.php/ML/article/viewFile/1176/1187>. Acesso em: 7 fev. 2012.

LIBÂNEO, José Carlos. Organização e gestão da escola teoria e prática. Goiânia: Alternativa, 2001.

LIBÂNEO, José Carlos. **Didática**. São Paulo: Cortez, 1994.

LIMA, Paulo Gomes; SANTOS, Sandra Mendes dos. O coordenador pedagógico na educação básica: desafis e perspectivas. Educere et educare: Revista de Educação, v. 2, n. 4, p. 77- 90, jul./dez. 2007. Disponível em: <http://www.ufgd.edu.br/faed/nefope/publicacoes/o-coordenador-pedagógico-na-educacao--basica-desafis-e-perspectivas>. Acesso em: 5 fev. 2010.

NOVOA, Antonio. A formação em Foco. **Revista Nova Escola**. São Paulo: Ed. Abril, n. 142, maio 2001.

PEREIRA, M. F. Planejamento estratégico: teorias, modelos e processos. São Paulo: Atlas, 2010.v.1.

Revista Científica do Centro de Ensino Superior Almeida Rodrigues - ANO I - Edição I - Janeiro de 2013.

SITES
http://escolas.missu.com.br/blog/

https://www1.folha.uol.com.br/educacao/2018/06/1-a-cada-3-escolas-de-ricos-tem-nota-no-enem-abaixo-do-esperado.shtml?utm_campaign=220_boletim_nota_10_-_09072018_-_nao_clientes&utm_medium=email&utm_source=RD+Station

http://www.worldbank.org/pt/news/press-release/2017/09/26/world-bank-warns-of-learning-crisis-in-global-education

9 788555 082207